AF454453

EDUCACIÓN Y PEDAGOGÍA
DE LA INFANCIA ANORMAL 1870-1940
Alexander Yarza
Lorena Rodríguez

COLECCIÓN

PEDAGOGÍA E HISTORIA

EDUCACIÓN Y PEDAGOGÍA DE LA INFANCIA ANORMAL 1870-1940

Contribuciones a una historia de su apropiación e institucionalización en Colombia

Alexander Yarza

Lorena Rodríguez

GRUPO

Historia de la Práctica Pedagógica

cooperativa editorial

MAGISTERIO

EDUCACIÓN Y PEDAGOGÍA
DE LA INFANCIA ANORMAL 1870-1940
Autores

© ALEXANDER YARZA
LORENA RODRÍGUEZ

Colección ISBN: 978-958-20-0923-6

Libro ISBN: 978-958-20-0923-6

Colección: PEDAGOGÍA E HISTORIA

Bogotá, Septiembre de 2007
Segunda edición 2011

© COOPERATIVA EDITORIAL MAGISTERIO
          Diag. 36 Bis # 20 - 70 Park Way - La Soledad
          Celular: (+57) 312 4354489
          Bogotá, D.C., Colombia.
          www.magisterio.com.co
          info@magisterio.com.co

© GRUPO HISTORIA DE LA PRÁCTICA PEDAGÓGICA

Dirección Editorial de la
Colección PEDAGOGÍA E HISTORIA:
HERNÁN SUÁREZ

Carátula
MAURICIO SUÁREZ ACOSTA

CONTENIDO

CAPÍTULO CUATRO
HORIZONTE CONCEPTUAL Y TECNOLOGÍAS
MÉDICO-PSICO-PEDAGÓGICAS EN LA PEDAGOGÍA DE ANORMALES

LOS AUTORES

ALEXANDER YARZA DE LOS RÍOS

Licenciado en Educación Especial. Docente investigador de la Facultad de Educación, Universidad de Antioquia. Integrante del grupo *Historia de la Práctica Pedagógica en Colombia* y fundador del grupo *Educación Especial, Inclusión y Diversidad* (Licenciatura en Educación Especial). Ha sido asesor de Escuelas Normales Superiores en el Departamento de Antioquia y es maestro de apoyo del Colegio Alcaravanes (Envigado).

LORENA MARÍA RODRÍGUEZ RAVE

Estudiante de Licenciatura en Educación énfasis en Matemáticas. Investigadora de la Facultad de Educación, Universidad de Antioquia, integrante del grupo *Historia de la Práctica Pedagógica en Colombia*. Ha sido asesora pedagógica para proyectos de asimilación de cambio empresarial y docente en procesos de formación en tecnologías de la información.

De Alexander

A Silvana, tierra eterna, Penélope.

A Tomás, hilo de agua que se hace arroyo.

A Gabriela, lluvia y cimiento de hogar.

A Elizabeth y Alberto, por la vida a su modo.

De Lorena

A Alberto, deseo y palabra.

A los/las maestros/as, por sus emociones y entregas.

A los otr@s mis amigos, por existir.

El «encierro» practicado a gran escala a partir del siglo XVII puede aparecer como una especie de fórmula intermedia entre el procedimiento negativo de la interdicción judicial y los procedimientos positivos de corrección. La enclaustración excluye de hecho y funciona fuera de la ley, pero no se justifica apelando a la necesidad de corregir, de mejorar, de provocar el arrepentimiento, de despertar «buenos sentimientos». A partir de esta forma confusa, pero históricamente decisiva, hay que estudiar la aparición, en momentos históricos precisos, de diferentes instituciones de corrección y de las categorías de individuos a las que se dirigen. Se produce así la formación técnico-institucional de la ceguera, la sordomudez, de los imbéciles, de los retrasados, de los nerviosos, de los desequilibrados.

Michel Foucault

Prólogo

«El valor de todos los estados mórbidos consiste en que muestran a través de un vidrio de aumento determinadas condiciones que, aunque normales, son difícilmente visibles en el estado normal»

(Nietzche)

Para Foucault los anormales son considerados como aquella gran familia imprecisa e indeterminada que atemorizó de forma perturbadora a la sociedad en general de finales del siglo XIX, y que asincrónicamente se establecieron a partir de tres figuras, a saber: *el monstruo humano, el onanista o el pequeño masturbador, y el individuo a corregir o niño difícil.* A esta última figura fue la que menos tiempo tuvo Foucault de realizar su genealogía, tal y como lo reconoció en su curso del 19 de marzo de 1975 en el Collège de France:

«Había empezado prometiéndoles hacer la genealogía del anormal a partir de tres personajes: el gran monstruo, el pequeño masturbador y el niño indócil. A mi genealogía le falta el tercer término; tengan a bien disculparme por ello. Verán su perfil en la exposición que voy a hacer. Dejemos con una línea de puntos su genealogía, porque no tuve tiempo de hacerla».[1]

---

[1] Michel Foucault, *Los Anormales*, Curso en el Collège de France (1974-1975), México, Fondo de Cultura Económica, 2001, p. 269.

En este sentido, el trabajo de Alexander Yarza y Lorena Rodríguez traza las primeras líneas para hacer una historia de la educación anormal en Colombia, abre un nuevo umbral, una nueva oleada de saber pedagógico para tal fin. En otras palabras, es una investigación pionera, en el sentido estricto de la palabra, ya que evidencia en sus reflexiones las primeras exploraciones sobre las diversas prácticas, discursos, instituciones y sujetos que configuraron la *pedagogía de anormales* en el saber pedagógico colombiano.

Quiero resaltar algunos aspectos de la presente investigación:

1) Con Olga Lucía Zuluaga Garcés, los miembros del grupo de investigación Historia de la Práctica Pedagógica aprendimos a utilizar un concepto como herramienta de análisis histórico en el campo de la educación y la pedagogía. Se trata del concepto *apropiación*. Para la mencionada investigadora apropiar evoca *"modelar; adecuar; retomar; coger; utilizar, para insertar en un proceso donde lo apropiado se recompone porque entra en una lógica diferente de funcionamiento"*.[2]

Este trabajo sobre educación y pedagogía de la infancia anormal, no es la excepción. Sus autores identifican cuatro condiciones históricas de posibilidad para que esta práctica discursiva se apropiara en Colombia, imprimiendo «una diferencia sustancial con el lugar común de explicación e interpretación del surgimiento de la "educación especial" y la "in-

---

[2] Olga Lucia Zuluaga Garcés, "Prologo", en Javier Sáenz, Óscar Saldarriaga, Armando Ospina, *Mirar la infancia: pedagogía, moral y modernidad en Colombia*, Bogotá, Colciencias, Ediciones Foro Nacional por Colombia, Editorial Universidad de Antioquia, Ediciones Uniandes, Tomo 1, p. XIV.

fancia anormal" en Europa y Estados Unidos, a saber: 1) la apropiación de los saberes modernos y de la pedagogía activa en las escuelas públicas y privadas; 2) la problematización sobre la degeneración de la raza; 3) una *pericia criminológica-biomédica-pedagógica* entre delincuente–anormal; y 4) una reforma educativa en la Casa de Menores y Escuela de Trabajo San José (extendidas a las demás casas de menores del país, como Paiba y Fagua en Cundinamarca, Piedecuesta en Norte de Santander, entre otros».

En este sentido vale la pena resaltar la tesis de los autores al señalar que la vía de institucionalización de la educación especial en Colombia no fue la implantación masiva de la enseñanza primaria obligatoria, sino la de las casas correccionales de menores, (cuyo modelo fue la Casa de Menores San José (Fontidueño, Antioquia) y los saberes criminológicos y eugenésicos que circulaban en ellas. En consecuencia, la instrucción pública, obligatoria, laica y gratuita, no tuvo tanta ingerencia en este proceso como la problematización sobre la degeneración de la raza.

2) El análisis de las nociones *idiota y anormal* a través de tres autores: Enrique Cortés (1870-1874), Martín Restrepo Mejía (1908-1914) y Tomás Cadavid (1920-1925). Esta exploración, realizada a través del concepto de *discontinuidad*, asegura en este trabajo un análisis histórico acertado, ya que describe, a partir de estos tres autores, el juego de las transformaciones específicas, diferentes unas de otras, de las nociones *idiota y anormal*, ligadas por la "bisagra" de la polémica sobre la "degeneración de la raza". En otros términos, con Cortés, Restrepo Mejía y Cadavid, los autores hacen visible en el saber pedagógico colombiano tres modos de pensa-

miento pedagógico discontinuo sobre el idiota y la anormalidad. Además, al examinar cada uno de estos pedagogos a través de fuentes documentales, abren la posibilidad de pensar la historicidad y la actualidad de la educación especial en nuestro país.

3) Un tercer aspecto que quisiera desarrollar, a partir de esta investigación, son las condiciones en las cuales se configura el maestro de anormales en Colombia. En este sentido, quisiera aportar algunas reflexiones que apoyen un futuro trabajo para identificar las relaciones entre las escuelas normales, la formación de maestros y los procesos de institucionalización de la pedagogía de anormales.

Según los autores, La Casa de Menores avanzó en el proceso de formación de estos maestros, configurando en ellos ciertos matices singulares que los diferencian de los maestros de escuela pública y los normalistas. Una de las múltiples distinciones la podemos argumentar de la siguiente manera: si por un lado, el maestro de anormales debía observar atentamente cada dato exigido por la ficha médico-pedagógica y registrarlo para después establecer los primeros tratamientos médico-pedagógicos, por otro lado, la función del maestro en la escuela pública era identificar a los niños «sospechosos» de anormalidad; así parecen confirmarlo las siguientes líneas del maestro Jaime Botero en su tesis de grado:

«Para conseguir un diagnóstico bueno se necesitan por lo menos tres clases de exámenes: pedagógico, psicológico y de aptitudes especiales, y médico. Pero antes de que se quiera hacer algún examen es preciso separar los niños sospechosos de anormalidad. Esto debe hacerlo, naturalmente, el maestro de escuela regular».[3]

A lo que agrega más adelante, al referirse a la Escuela Especial Rafael Uribe Uribe, fundada en Antioquia en 1935, con respecto a la selección del personal:

«Para la selección del personal, al finalizar el año el Director de la escuela pasa una nota a todos los maestros de las escuelas primarias regulares. Los maestros de estas escuelas se encargan, al fin del año, de averiguar cuáles son los niños sospechosos de anormalidad, es decir, cuáles han perdido dos años de escuela consecutivamente».[4]

Como se puede apreciar, la sospecha de anormalidad que el maestro de escuela debía identificar estaba centrada específicamente en el rendimiento académico. Es decir, la norma general a seguir en estos casos era el rendimiento escolar del niño. Según Botero, el maestro de escuela consideraba como sospechoso de deficiencia mental al niño que se había retrasado escolarmente dos años siendo menor de nueve años, y tres años, si era mayor, tal cual como lo había fijado el francés Alfred Binet para determinar el retraso en los escolares.

De acuerdo con esto, para Botero surge una clasificación en el contexto de las escuelas normales con respecto al sujeto anormal: los niños eran identificados en tres categorías, que harían de la escuela primaria un espacio privilegiado de vigilancia e inspección: niño anormal, fácilmente identificable por su incapacidad para hacer las actividades comunes a los demás; niño sospechoso de anormal, identificado a través de su éxito escolar; y niño ligeramente anormal, el cual no presenta por lo

---

[3] Jaime Botero Uribe, "La educación de los niños mentalmente anormales", tesis de grado, Escuela Normal de Institutores, Medellín, 1942, p. 25.

[4] Ibíd, p. 25.

general señal externa de anormalidad sino algunas dificultades para aprender y en determinados casos por su indisciplina o su pasividad.[5]

Además, con Botero podemos hacer visible otra distinción entre el maestro de anormales y el maestro de escuela regular dentro de las instituciones formadoras de maestros, ya que según él los de las escuelas normales eran preparados en los métodos modernos de enseñanza, entre ellos, los "centros de Interés", los cuales no se seguían propiamente con los niños anormales. Botero sustentaba esta distinción al afirmar que en la Escuela Especial Rafael Uribe Uribe la educación general tenía como fin esencial el desarrollo mental del niño y no el transmitirle conocimientos que lo capacitaran para ingresar en otro curso.[6]

Con la tesis de grado de Jaime Botero también podemos explorar cómo surgió el interés por el sujeto anormal dentro de las escuelas normales en Colombia:

«Sin haber escogido aún este tema me correspondió enseñar en una escuela de Medellín, y en el grupo en que lo hice había un niño anormal. Sin conocerlo aún, y en los primeros días de clase, noté que ese niño se apartaba en todo del común de sus compañeros. Era en verdad un niño que por falta de capacidad del local, no estaba en la escuela especial. Yo, que he sido curioso, me interesé por aquel caso y comencé a leer sobre los anormales. Y heteme aquí que me enfrasqué de tal manera en mis lecturas, que se abrió el deseo de hacer la tesis de grado, que por ese tiempo era plato común, sobre los niños anormales. Y en verdad, por la observación de aquel niño y luego las lecturas, me di cuenta de la necesidad de las escuelas especiales y de su utilidad. Es preciso hacer compren-

---

[5] Ibíd, pp. 25, 26.

[6] Ibíd, p. 74.

der al gobierno estas cosas y proponer el establecimiento en mayor escala de las escuelas especiales. Con ello se hace bien a la sociedad, a las escuelas, y al niño mismo».[7]

De acuerdo con esto, se podría entonces sospechar que la formación de maestros de anormales, en las escuelas normales, no era sistemática, y en consecuencia, ¿el interés por conocer y atender la población anormal era resultado del azar y de la curiosidad de los maestros en formación?

Sin duda, en Colombia las escuelas normales, fundadas desde el siglo XIX, y las facultades de educación, creadas desde 1933, no se dedicaron exclusivamente a formar maestros para las escuelas especiales, sin embargo, existen varias fuentes documentales susceptibles a la descripción histórica para hacer visible cómo dentro de estas instituciones se configuró la mirada sobre el sujeto anormal. Al respecto, podemos señalar dos aspectos:

En primer lugar, la apropiación y configuración del campo de la pedagogía de anormales, en el contexto de las instituciones formadoras de maestros, estuvo marcada por la distinción entre sujeto normal y anormal. Así lo confirman las siguientes expresiones:

«Para nosotros poder ingresar al campo de lo anormal, debemos tener presente lo que es la anormalidad, o por mejor decir, hacer una comparación de dos desarrollos o evoluciones, la de un niño considerado como normal y la de otro considerado como anormal».[8]

---

[7] Ibíd., Introducción, p. II. El destacado es mío.

[8] Sánz, Alfredo Emilio, «Educación de anormales», tesis de grado, Escuela Normal de Institutores, Medellín, 1940, p. 7.

En segundo lugar, en las escuelas normales la mirada se dirigió especialmente sobre la anormalidad mental, se excluyó la física, así lo comprueban algunas de las tesis de grado de los estudiantes de la Escuela Normal de Institutores de Medellín:

«Hay que hacer notar que la palabra anormal llevada al campo mental, del cual me ocuparé en este trabajo, puesto que el anormal físico es de otra índole, ha sufrido multitud de variaciones que han sido inspiradas por la reacción que aquella imprime en los espíritus»[9].

Sin embargo, con la distinción entre un niño considerado como normal y la de otro calificado como anormal se estaba muy lejos, en el saber pedagógico colombiano, de oponer el sujeto normal contra el sujeto anormal, y sí muy cerca de crear la identidad entre estos dos, pero en beneficio del conocimiento del sujeto normal. En este sentido, Francisco Luis Hernández, director de la Escuela de Ciegos y Sordomudos de Medellín, afirmaba:

«Al dar los primeros pasos en la creación de escuelas para niños anormales nos guían estos dos principios: 1) velar por el progreso y mejor orientación de las escuelas para niños normales; 2) reconocer explícitamente los derechos del niño».[10]

A lo que agrega:

«Hasta hoy nuestra escuela ha llenado la misión de enseñar por enseñar. Ochenta o más niños recogidos en un estrecho salón, reciben, como si su estado mental fuera igual, lo que el maestro en igual canti-

---

[9] Ibíd., p. 9.

[10] Hernández, Francisco Luis, "Escuelas para niños mentalmente anormales", en *Educación*, revista de la Facultad de Ciencias de la Educación de la Universidad Nacional, Bogotá, Año II, No. 17, diciembre de 1934, p. 722.

dad les arroja de alimento espiritual para todos. [...] Esa falta de selección, digamos más bien de clasificación científica del personal escolar, no ha permitido diagnosticar a ciencia cierta cuáles alumnos poseen capacidades supernormales que más tarde brillarán como genios; cuáles están dotados de aptitudes normales para llevar a cabo sus estudios profesionales; y cuáles son los colocados en un nivel inferior que reclaman escuelas especiales, porque ellos son un peso muerto en la enseñanza común, un estorbo para los superdotados, un serio problema para el rendimiento escolar y una tortura para el maestro. [...] Descartada la escuela actual de estos elementos subnormales, dará ella mejores resultados, será más efectivo su progreso y podrá orientarse hacia la investigación científica del niño. Por eso la creación de escuelas para niños anormales que se propone el Congreso Nacional de Sociedades de Mejoras Públicas, será un gran aporte de él para la renovación de la escuela actual».[11]

Por otra parte, podríamos sostener a manera de hipótesis de trabajo que las escuelas normales al dirigir su mirada sobre la anormalidad mental, excluyendo la física, se ocuparon entonces solamente del "retrasado pedagógico", instaurando una tensión entre "retrasados y anormales". Para analizar esta hipótesis sería muy sugerente examinar la siguiente obra de José María Rodríguez[12], *Psicopedagogía. Pruebas mentales y de conocimientos.* Con esta fuente documental se podría identificar cómo funcionó esta tensión entre retrasados y anormales en la Escuela Normal de Institutores de Medellín, que obviamente no era un problema exclusivo del saber pedagógico colombiano sino de psicólogos, psiquiatras, médicos y pedagogos en

---

[11] Ibíd, pp. 722-723.

relación con las diferencias existentes entre retrasados y anormales.

Para tal fin me parece muy útil también examinar un trabajo de investigación poco citado por los historiadores de la educación y la pedagogía en Colombia, del señor Alejandro Cano H., titulado: *Pruebas mentales y de Instrucción*. Este estudio significa en nuestro país una investigación pionera sobre psicología experimental durante la primera mitad del siglo XX. En el Alejandro Cano, junto con los estudiantes del Curso de Información Pedagógica, de la Escuela Normal de Institutores de Medellín, aplicaron e interpretaron durante los años 1933 a 1940, los siguientes test mentales: Dearborn, Goodenough, Otis, Ballard, Buysé–Decroly, y Terman, en niños y niñas de varias poblaciones del departamento de Antioquia.

Quisiera cerrar este prólogo con las siguientes expresiones de John Dewey, filósofo y pedagogo estadounidense, relacionadas con el significado y sentido de volver la mirada hacia el pasado, tal y como lo sugiere la investigación de Alexander y Lorena:

«Los recuerdos de la memoria rara vez son, sin embargo, literales. Nosotros recordamos naturalmente lo que nos interesa y porque nos interesa. El pasado es recordado no por sí mismo sino por lo que agrega al presente. Así la vida primaria de la memoria es emotiva más bien que intelectual y práctica. [...] La memoria tiene toda la

---

[12] Docente graduado en la Escuela Normal Nacional de Institutores de Medellín, alumno, maestro y director de esta Escuela Normal durante el periodo de 1933 a 1950.

excitación del combate sin su peligro y ansiedad. Revivir-
lo y revelarlo en ella equivale a dotar el momento presente
con una nueva significación, diferente de aquella que actual-
mente corresponde al momento presente o pasado».[13]

Rafael Ríos Beltrán
Profesor Universidad de Antioquia
Junio de 2007.

---

[13] John Dewey, *Reconstrucción de la filosofía*, Madrid, Ediciones de la Lectura, 1930, p. 12.

Presentación

El Grupo Historia de la Práctica Pedagógica (GHPP), en su sede de Medellín, está conformado por maestros-investigadores que bajo mi responsabilidad trabajan desde hace siete años en un proceso de formación por fuera de la rutina de la academia.

Este trabajo de formación inicialmente se nutrió de los y las estudiantes de los ciclos complementarios de las Escuelas Normales Superiores de Antioquia, en especial la de Copacabana. Sin embargo, en la actualidad este trabajo se extiende a otras escuelas normales del departamento.

Un resultado de este proceso de formación e investigación es el presente trabajo, titulado *Educación y pedagogía de la infancia anormal 1870-1940*, realizado por Lorena Rodríguez, egresada de la Escuela Normal María Auxiliadora de Copacabana y Víctor Alexander Yarza, licenciado en Educación Especial de la Universidad de Antioquia. Ellos pertenecen a una generación de jóvenes investigadores que el GHPP ha formado en sus treinta años de existencia, con el propósito de dar continuidad y permanencia a su trabajo investigativo, mediante una escuela formativa que inserte en sus tradiciones a los novicios que aspiran a ser maestros-investigadores.

Toda experiencia de formación tiene como respaldo un movimiento social, grande o pequeño. La que hoy nos convoca y que arroja estos primeros resultados, se inició en 1995 con la reforma de las escuelas normales del departamento de Antioquia, la cual se abordó con la participación de estudiantes en los proyectos de investigación como auxiliares y monitores.

Solo cuando nos preguntamos por los procesos formativos que se producen dentro de los proyectos de investigación comienza a modificarse el panorama, en el sentido de que dichos procesos nos brindan campos aplicados más flexibles que el aula o los planes de estudio.

En la investigación, a diferencia de las aulas, no se trabaja con una acumulación de saber inerte; sino por el contrario, con un conocimiento vivo, sembrado de problematizaciones, en donde la conclusión no es más que otro interrogante y los conceptos no se congelan, están en permanente renovación y discusión, a diferencia de lo que, lamentablemente, sucede en la rutina de la mayoría de las instituciones formadoras de maestros. El estudiante se involucra en las problematizaciones y la investigación se torna en un verdadero taller, en el que las reglas de producción del conocimiento son explicadas y asimiladas en el proceso mismo de producción.

A estas reflexiones se suma mi encuentro con la profesora Zaida Sierra,[1] quien dirige un semillero de investigadores en la Universidad de Antioquia, en el cual los estudiantes formulan sus propios proyectos de investigación. Esta experiencia fue definitiva para la construcción del taller, pues nos mostró la diferencia que existe entre formarse en un saber

---

1. Profesora de la Facultad de Educación de la Universidad de Antioquia, fundadora y coordinadora del grupo de investigación DIVERSER.

producido y apropiado por ellos, y la formación en un saber transmitido, donde el profesor monopoliza el saber-poder. El pase, o si se quiere, la legitimación para el uso del saber investigativo y del pensamiento, le es otorgado al novicio gradualmente luego de extensos rituales e iniciaciones. Se da el caso de investigadores libertarios en teoría y lancasterianos en el trato con sus auxiliares y monitores.

La formación investigativa permite eludir, al menos en las instituciones formadoras de maestros, la torre de Babel que constituye el proceso de formación de maestros en las diferentes especialidades. Ella centra a los estudiantes en la formación en tradiciones que los acoge de manera temprana y los lleva a interrogarse no solo como investigadores, sino como sujetos públicos y de pasión.

La formación tiene como base permitir que nuestras acciones y pensamientos queden cobijados por la tradición en que uno se pretende inscribir, y esta conduce a la disciplina. Luego de poseer la disciplina viene el largo proceso de asimilación de la tradición, que nos ayuda a entender que los conceptos no caen del cielo o son productos de la perversidad o de la inspiración de las musas.

El que no ha investigado no tiene derecho a hablar. La disciplina lleva necesariamente a ser riguroso y a investigar antes de hablar, y para ello es necesario adentrarse en cuatro grandes tradiciones: la literatura, la pedagogía, la historia y la filosofía; sin que exista en este proceso un gradualismo que conduzca al estudiante-investigador de lo simple a lo complejo. Un proceso en el que se admite que el conocimiento no tiene cabeza y rabo y en el que, por el contrario, ensayamos acceder a los textos mediante múltiples entradas, sin rituales previos, confiando en la inteligibilidad inmanente a los textos. En este punto resultaron definitivas las reflexiones de Jacques Rancière[2] acerca de Yacoto, en su texto *El Maestro Ignorante*, en el cual nos enseña que el trabajo formativo del maestro no se hace sobre el conocimiento, sino sobre la voluntad. El maestro como sujeto de poder-saber le da el paso al otro para que ingrese en el mundo del conocimiento sin colocarle talanqueras, simplemente le hace sentir que él puede. Le transfiere parte de su capital simbólico para hacer su iniciación menos dolorosa.

Jesús Alberto Echeverri S.
Profesor de la Facultad de Educación de la Universidad de Antioquia y coordinador en Medellín del Grupo Historia de la Práctica Pedagógica.

2. Rancière, Jacques (2003), *El maestro ignorante: cinco lecciones sobre la emancipación intelectual*, Barcelona, Laertes.

Capítulo I
Nacimiento de la "educación especial"
o las invenciones de la infancia
anormal en Occidente

Un lugar común impregna las variadas posiciones sobre las condiciones que posibilitaron la aparición de la educación especial en el mundo occidental. Ese "lugar común" sintetiza de la siguiente manera tal acontecimiento: *la educación especial aparece debido al cruce entre la institucionalización de la instrucción obligatoria, laica, pública y gratuita, un conjunto de prácticas e instituciones filantrópicas, y los múltiples procesos de industrialización de las sociedades modernas* (Puigdellivol I Aguade, 1986; Illán Romeu y Arnaiz Sánchez, 1996; Jiménez Martínez y Vilà Suñé, 1999; Correa, 1999; Palmero Cámara, 2000; Cerezo Manrique, 2003).

A finales del siglo XIX los países industrializados enuncian la necesidad de una nueva escuela y una nueva instrucción acorde con el progreso de las naciones. Las repúblicas reclaman la inserción de las clases pobres y proletarias en el sistema de instrucción pública. Su cometido es puntual: socializar las clases trabajadoras; controlar el desorden que producen sus agrupaciones; regular y normalizar los comportamientos de las multitudes de obreros, de asalariados, incluyéndose en este cometido la educación de sus hijos e hijas. La escuela obligatoria, pública, gratuita y laica materializa los ideales de las revoluciones libertarias europeas. Paralelamente, la creación de patronatos de protección a la infancia y la adolescencia, de sociedades de mujeres, de ligas de enseñanza, fortalecieron las prácticas de asistencia y de prevención social encaminadas a la socialización y civilización del emergente proletariado. Estas prácticas asistenciales se concretan en instituciones donde los "filántropos" tendrían una enorme ingerencia. De igual manera, incidieron los procesos de industrialización (demostrados en el incremento de fábricas, talleres, ciudades, escuelas, hospitales, etc.) que enmarcan el aburguesamiento de lo social y la sociedad.

No obstante, la mencionada síntesis habitual omite una gran cantidad de acontecimientos y análisis posibles alrededor de este proceso de institucionalización, de emergencia o de aparición discursiva. Una serie de "análisis sociológicos críticos"comparten esta opinión usual, pero hacen visible todo un conjunto de relaciones de poder y de saber, de modificaciones sociales y políticas, de inauguración de prácticas y de técnicas, entre otros, que complejizan las condiciones de aparición de la educación especial en Occidente.[1]

A continuación se muestran algunas de esas interpretaciones con una doble intención: primero, establecer una crítica puntual a las concepciones simplistas sobre la historia de la educación especial, y segundo, fijar un antecedente interpretativo de investigación.

El campo de la infancia anormal

A comienzos del siglo XX surge en Occidente una nueva figura: la "infancia anormal". Con la *anormalidad infantil* se posibilita la creación de nuevas instituciones, de sujetos de saber, de prácticas y nociones; unas modificaciones en los discursos pedagógicos, políticos, económicos, etc., y la instauración de un conjunto de instrumentos o técnicas positivas. Instituciones, sujetos, prácticas, discursos y técnicas que vieron la luz en un *mundo moderno*,[2] sostenido sobre los ideales de progreso, felicidad, salvación y regeneración. La infancia anor-

---

1. Bien desde la perspectiva de Pierre Bourdieu–Francine Muel (1991) o bien desde los aportes de Michel Foucault a una sociología de la educación, Fernando Álvarez-Uría y Julia Varela (1991); Julia Varela (1995) y Fernando Álvarez-Uría (1996), y desde la nueva sociología de la educación de Richardson y Parker (1996). Otro trabajo interesante que complementa estas perspectivas, pero desde un punto de vista conceptual, es Nariano Herráiz (1996).

2. Para profundizar más sobre este concepto desde una perspectiva foucaultiana ver Orlando Arroyave Álvarez (2001), específicamente el apartado "La modernidad como proyecto de acallamiento de los excluidos", pp. 50-56.

mal emerge como objeto de un discurso que sutilmente adquiere auto-nomía (nombre propio): la educación o pedagogía de anormales (en la actualidad nombrada como educación especial).

En sentido epistemológico, la "educación de anormales" podría entenderse como una disciplina aplicada que se sustenta en distintas ciencias y técnicas positivas. Se dice "aplicada" en la medida que es eminentemente práctica y tiene un cuerpo teórico plural, diverso. Principalmente se sostenía en los postulados de las *ciencias biológicas* dispersos en varias disciplinas (biomedicina, psiquiatría, psicología experimental, la pedagogía activa de corte experimental, la ciencia médico-pedagógica) y en los discursos filantrópicos, progresistas e industrializadores de principios del siglo XX.

La institucionalización de la instrucción pública, obligatoria, gratuita y laica, las prácticas e instituciones filantrópicas, los múltiples procesos de industrialización y los discursos de previsión y reformismo social (contra la degeneración, el desorden social, etc.) de la sociedad occidental en las postrimerías del siglo XIX, se constituyen en los puntos comunes para la invención de la infancia anormal. No obstante, existen algunas diferencias entre las interpretaciones sobre lo acontecido durante este proceso de invención que merecen hacerse visibles.

Entre una institucionalización y un "discurso científico": la constitución del campo médico pedagógico

Según Francine Muel (Castel, *et al.*, 1991), la "infancia anormal" aparece en el cruce de las conceptualizaciones de un campo disciplinar en emergencia y consolidación (la ciencia médico-pedagógica), las prácticas e instituciones "filantrópicas" y la instrucción obligatoria, gratuita, pública y laica de la infancia pobre y proletaria. En síntesis: entre una institucionalización (congresos, legislación, sociedades, patronatos, escuelas de perfeccionamiento, comisiones de instrucción pública, ligas, comités, asociaciones) y la constitución de un campo científico (sistemas de clasificación, profesionales, instrumentos, nociones, conceptos). La mirada sociológica de Muel le permitirá develar las funciones sociales de ese emergente "mercado científico sobre la infancia anormal", la lucha de clases que le subyace y la dominación política y científica que se despliega. Su objetivo es establecer un abordaje histórico y sociológico de la red institucional nominada como "infancia inadaptada" o "anormal" a partir de un conjunto de documentos y registros de finales del siglo XIX y principios del XX.

> En el campo médico–pedagógico se trata en un primer tiempo del proceso de institucionalización y de la constitución de un *corpus* científico –uno y otro construyéndose en interacción recíproca– cuyo análisis permitirá, por una parte, comprender lo que los sistemas de clasificación (nosografía psiquiátrica y métodos de medidas psicológicas referidas a la infancia) deben a los intereses

> socio-económicos de los productores de sistemas de clasificación y, por otra, extraer del discurso científico un discurso político y social que permita reconocer las funciones sociales que cumplen dichas instituciones [...] El período durante el cual se constituye este nuevo campo científico se caracteriza por un despliegue de creaciones institucionales en el dominio de la educación social, creaciones entre las cuales la instrucción primaria, gratuita, obligatoria y laica constituye el armazón de base. Los discursos y las prácticas institucionales hablan de orden social y de control del desorden (desorden doméstico o del hogar, del presupuesto obrero, del vestido, de la calle, de las costumbres y de los movimientos musculares): la Comuna de París no está lejos (ibíd., 125).

En 1904 nace oficialmente en Francia el movimiento a favor de la infancia anormal con una comisión que estudió las medidas necesarias para asegurar la instrucción primaria a los niños retrasados y anormales, que produjo como resultado la promulgación de la ley del 15 de abril de 1909 sobre clases e internados de perfeccionamiento. Sin embargo, el movimiento tiene manifestaciones anteriores que pueden situarse alrededor de la década de 1890. En 1894 se funda la "Liga de la enseñanza", a cargo de *monsieur* Leon Bourgois, la cual tenía unos fundamentos higienistas claramente definidos, encaminados al saneamiento del cuerpo y la curación de las enfermedades del espíritu en los obreros. En los congresos nacionales de asistencia pública y beneficencia privada se desplazaba la noción de "caridad" por la de "previsión", compartiendo las acciones preventivas tanto el Estado como la Iglesia. La preocupación por la salubridad, las condiciones materiales y culturales del proletariado y las clases pobres, se traduce en la creación de aparatos preventivos que funcionaron en los propios talleres y en los espacios de asistencia social. Prevención de las enfermedades, del alcoholismo, etc., que delimitaban el ideal de obrero del sistema de producción, ideal que se caracteriza por el control de sí mismo.

El campo médico-pedagógico construyó todo un "mercado" basándose –inicialmente– en los instrumentos de medición de las aptitudes intelectuales de la infancia y en su utilidad al momento de identificar los "niños mentalmente anormales" en las escuelas de instrucción pública. El test de inteligencia Binet-Simon prestó estos servicios desde la primera década del siglo XIX. Su soporte científico no camuflaba el interés ideológico. La clasificación y selección de los anormales están ligadas a la conservación de la vida y la preservación del futuro colectivo. *"La clasificación de los especialistas del dominio médico-pedagógico converge [...] con la de la escuela, reforzando, mediante la aportación de un aparato científico de medición, la ideología de los dones naturales."* (ibíd., 142). La protección de la sociedad puede comenzar cuando se identifican científicamente sus elementos anómalos.

Los "niños anormales" emergen en correspondencia con los sistemas de clasificación del campo médico-pedagógico. Estas clasificaciones, que se instauran como novedosas, hunden sus raíces en las psiquiatrías de mediados del siglo XIX: Itard, Esquirol, Ferrus, Voisin, Bourneville (ibíd., 137). Entre los sistemas de clasificación de los alienistas y de los especialistas del campo médico pedagógico existirá una sutil diferencia: la novedad de dos categorías nosográficas: retrasados e inestables; en realidad, la distinción será entre trastornos profundos y trastornos menos profundos. La profundidad se estipulaba en relación con la media de la población: la norma psicológica, biológica, moral y social. De modo más concreto, para el caso de la escuela, la media o parámetro de comparación será instituido por la naturalización de las aptitudes en el desarrollo inicial de la infancia normal, es decir, una teoría de los dones naturales.

> El sistema de clasificación de los niños anormales (nosografía) se preocupó hasta la reforma únicamente de la enseñanza de los "anormales de manicomio" ("idiotas e imbéciles"). El discurso científico médico–pedagógico retoma las categorías psiquiátricas de los grandes antepasados –trastornos profundos–, a las que añade simplemente dos nuevas categorías –trastornos menos profundos– los "retrasados" y los "inestables", puras o combinadas entre sí, refiriéndose así a una ciencia constituida que le sirve de punto de partida. El médico de los escolares retoma incluso por su cuenta las fórmulas administrativas de la ley sobre los alienados: "son en efecto niños que no pueden estar en la escuela sin peligro para ellos mismos y para los otros escolares normales." (Muel, 1991, 136).

"Los inestables son niños que 'no están en su sitio', que 'no pueden coordinar sus movimientos', ni 'controlar sus instintos', sujetos a 'cóleras inexplicables', brutales, extremadamente violentas, que manifiestan 'impulsos ingobernables'. [...] El inestable es un 'nómada que pasa por distintas escuelas' [...]" (ibíd., 137). Su inestabilidad se constituye en su característica principal, la cual se entiende en

términos de inatención "[...] *y sólo los procedimientos médico-pedagógicos serán capaces de estabilizarla"(ibíd.).* Por
su parte, el retrasado es aquél escolar"[...] *cuyas facultades intelectuales, consideradas en su conjunto, existen,
pero están retrasadas notablemente por debajo de las de un
niño de la misma edad [...] Son niños afectados en diferentes grados de inferioridad o de deficiencia intelectual [...]"*
(ibíd., 141). No obstante estas "definiciones", la categoría de retrasado seguía siendo imprecisa para la *médico-
pedagogía*.

En fin, a las "anormalidades infantiles" se les atri-
buían unas causas sociales y familiares (alcoholismo,
enfermedades hereditarias, desnutrición, etc.) y una explicación científica de procedencia psiquiátrica y biológica (instintos, glándulas, sistema nervioso, etc.). Sin
embargo, es indudable la correlación entre los niños inestables o retrasados y los niños de las clases pobres, proletarias. Estos "niños mentalmente anormales" prove-
nían de los sectores más pobres entre los pobres y eran
vistos como peligros sociales en la escuela primaria. En
todo caso, "los enseñantes y los médicos son explícitos
cuando se refieren a que la obligación escolar es la que
designa a los anormales." (ibíd., 134).

De la aplicación efectiva de los instrumentos de medición aparece la necesidad de su "administración" en las
escuelas públicas. De los abogados, médicos, filántropos
y maestros que pertenecían a las sociedades, los patronatos, las ligas, las asociaciones de beneficencia y
protección de la infancia surgieron los especialistas

del campo médico pedagógico. Francine Muel plantea que si estos "especialistas" pertenecían efectivamente a esas instituciones de beneficencia, protección y previsión social, el cambio de población radicó solamente en una cuestión de nominación; en esa medida "[...] *sucede que los niños concernidos fueron los mismos socialmente [...] asimismo, los oficios previstos para los niños pobres reeducados (abandonados, delincuentes o enfermos mentales) no varían tampoco apenas (jardineros, trabajadores manuales, criados, jornaleros)*" (ibíd., 128).

Las instituciones creadas son clases e internados de perfeccionamiento para anormales. Estas instituciones compartirán las funciones de profilaxis, control y socialización al lado de las instituciones de beneficencia y de previsión social. Los inestables y los retrasados eran tratados en instituciones de perfeccionamiento, en las clases especiales. Los maestros de escuela primaria –sobretodo después de la apertura en 1909 de un diplomado especial para obtener el certificado de aptitud para la enseñanza de anormales– serán quienes se encargarán de enlistar, seleccionar e identificar –por no decir que clasificar: función de los médicos escolares– los anormales que se aglutinaban en las nuevas instituciones.

> Los retrasados así diagnosticados, si bien no quedan excluidos de la obligación escolar, no podrán adquirir una instrucción [...] La mayor parte del tiempo lo dedicarán al aprendizaje profesional, a las lecciones y ejercicios prácticos de economía doméstica y a las lecciones prácticas, referentes a la vida cotidiana: comportarse adecuadamen-

te en la mesa, saber distinguir las diferentes piezas del mobiliario, limpiar sus zapatos, sellar una carta, ordenar la ropa en el armario, entender el plano del metro, etc. A partir de ahora, civilizados, los futuros trabajadores podrán vivir en la ciudad sin peligro (ibíd., 142).

Las funciones sociales del "campo médico pedagógico" son varias: 1) asegurar la disminución del gasto estatal invertido en el mantenimiento de los retrasados y anormales, transformándolos en elementos útiles y productivos; 2) coadyuvar con el ordenamiento de las ciudades y las escuelas, socializando en instituciones concretas a los mentalmente anormales (escuelas y clases de perfeccionamiento, clases especiales) y estableciendo una selección y clasificación "científica" mediante sistemas nosográficos; 3) "tratar" e instruir para el trabajo y autosostenimiento a los posibles improductivos sociales; 4) sus postulados convergen con los intereses económicos de los grupos sociales en ascenso; 5) indudablemente, "civilizar" a las clases pobres trabajadoras.

La escuela especial como institución de normalización

Fernando Álvarez-Uría (1996, 90-91) afirma que *grosso modo* la educación especial no pudo emerger sin la institucionalización de la escuela obligatoria para todos los niños y sin el funcionamiento anterior de distintas instituciones de normalización, "[...] *es decir, de instituciones productoras de un tipo de normalidad que es presentada de forma normativa como la única normalidad posible. El nacimiento de la infancia anormal no es por tanto ajeno a unas políticas sociales que históricamente han tendido a sustituir las instituciones de control social duro por instituciones blandas de socialización de la infancia."*

Las instituciones de normalización inventadas entre los siglos XVIII y XIX que funcionaron antes de las instituciones de educación especial fueron: la cárcel, los manicomios y los hospitales. La cárcel para los delincuentes, los manicomios para los locos –enfermos mentales– y los hospitales para los enfermos. Todos tenían un estigma similar, un "signo común": eran considerados como peligrosos sociales. Todos quebrantaban un tipo de norma: la del derecho y del contrato social, la de la razón y el orden público, la biológica, de la especie o de la naturaleza. Sin duda, la sociedad tenía que defenderse de la peligrosidad social que significaban los conglomerados de vagos, valetudinarios, enfermos, pobres, etc., para lo cual legitima y sostiene el funcionamiento de estas instituciones de normalización, asignándoles un soporte de legitimidad científica, social y moral.

Posteriormente, "[...] *la familia y la escuela, en tanto que instancias productoras de la normalidad, sustituyen en protagonismo a la cárcel y al manicomio, en tanto que espacios de control de la peligrosidad social. Ambas instancias van a funcionar ahora como una pareja dialéctica esencial en el proceso de producción de productores respetuosos con la ley y el orden instituidos. La infancia pasa a ser el blanco principal de los mecanismos de normalización"* (ibíd., 103). De la cárcel y el manicomio se desprende la correccional o el reformatorio para menores delincuentes y el instituto médico pedagógico para niños mentalmente anormales. Estas instituciones tuvieron un carácter híbrido, mezcla de cárcel, manicomio y escuela, concentrando códigos médico-psicológicos de clasificación y técnicas de observación e intervención experimentales.

> [...] las instituciones de resocialización van a marcar la pauta de las transformaciones que operaron en la mayor parte de los países industriales a finales del siglo XIX, para integrar no solo a los peligrosos sociales sino también a toda la población. Y es que es preferible prevenir que corregir, ya que resulta a la vez más económico y más eficaz. De ahí la importancia que desde entonces cobraron instituciones denominadas de socialización. La escuela pública, obligatoria y gratuita, va a surgir en el último tercio del siglo XIX, en la mayor parte de los países industriales, como espacio de civilización del niño obrero, es decir, va a instituirse en el preciso momento en el que se producen una serie de ecuaciones entre locos, criminales, degenerados y niños, en tanto que sujetos situados en la escala filogenética en una posición muy próxima a la animalidad (ibíd., 102).

Haeckel instituye la "ley" por la cual cada individuo reproduce en su ontogénesis el "desarrollo" de toda la humanidad: la filogénesis. Cada sujeto encarna la historia evolutiva de todos los humanos. Ahora: el darwinismo y el spencerismo social o evolucionismo biológico positivista demarcan las interpretaciones sobre el desarrollo evolutivo de las especies: una escalera en ascenso continuo hacia delante y arriba. El humano en tanto especie deviene en representar la cúspide de la evolución (dejando de ser imagen y semejanza de Dios o una representación del cosmos, la naturaleza y el universo). La ecuación social que homologa infancia-degenerados-locos-criminales se entiende como el lugar más bajo de la escala evolutiva, es la línea que representa el fondo del estanque, es el lugar de inferioridad de las especies y las razas. Entonces, la sociedad desplegará un conjunto de instituciones que cobijarán esta "población".

En este entramado emerge a principios del siglo XX la "infancia anormal", la cual designará aquellos niños pobres que no rinden en la inaugurada escuela pública y obligatoria. A veces parecen confundirse o imbricarse con los "delincuentes juveniles". Pero es necesario mantener sus distancias. Los anormales mentales lo son en relación con la escuela y la enseñanza obligatoria; en cambio, los jóvenes delincuentes al tiempo que no se aprovechan de la escuela, no respetan las leyes ni el contrato social, habitan en las calles, gustan de la organización en bandas, cometen delitos menores.

> La escuela pública, practicamente desde su institucionalización, se vio pronto sometida a desajustes y disfuncionalidades. Por una parte, una serie de niños no avanzaban al ritmo "normal" previsto por las autoridades competentes para la carrera escolar. Su retraso fue atribuido a problemas de inteligencia, a disfuncionalidades psíquicas. Todo este pelotón de inadaptados, de retrasados, fueron englobados bajo la rúbrica de niños anormales. En el otro polo, un extenso colectivo de niños, procedentes en su mayoría de las clases populares, preferían las pandillas y los estímulos de la calle al monótono orden disciplinario escolar, fueron definidos como niños delincuentes (ibíd., 103–104).

Niños anormales y jóvenes delincuentes habitarán en las escuelas especiales, los institutos médico-pedagógicos y las correccionales. Este acontecimiento es interpretado por Álvarez-Uría como una miniaturización de las lógicas psiquiátrica y criminológica, pero con unas diferencias considerablemente enormes: se flexibilizan los códigos, se amplifican las clasificaciones y las poblaciones acogidas, se sutilizan las intervenciones de aislamiento, exclusión y protección sobre los "peligrosos sociales". Al mismo tiempo, se traduce como una extensión del poder de normalización a través de la generalización del "examen pericial". Por otro lado, la infancia anormal, los exámenes y las instituciones de educación especial cumplen el papel de bisagra en la constitución social de la normalidad, delimitando negativamente los ideales de hombre de la época.

Las pedagogías correctivas: un nuevo saber-poder en pedagogía

Para Julia Varela (1995) las *pedagogías correctivas* instauran desde principios del siglo XX un nuevo régimen de verdad para la historia de la educación y la pedagogía en Occidente. Uno de los objetivos de la escuela obligatoria consistía en civilizar, domesticar y socializar las clases populares. Los hijos de los pobres producirán resistencias a la instrucción obligatoria, posibilitando de esta manera la aparición de un nuevo "campo institucional" centrado sobre los niños anormales y los delincuentes. Algunos pedagogos y psicólogos de principios de siglo construyen instrumentos y clasificaciones que servirán para identificarlos en los espacios escolares. Sus conceptualizaciones permitirán hablar de un nuevo espacio y tiempo, introducirán un concepto distinto de infancia y de subjetividad, en últimas, un estatuto y ejercicio diferente de saber y poder.

> En la medida en que la adaptación en general, y a la escuela en particular, es definida por estos primeros pedagogos de la infancia anormal –y por los primeros psicólogos– como "la función general de la inteligencia", las diferentes instituciones que entonces surgieron para educar a los niños "inadaptados" se convirtieron en espacios privilegiados, en laboratorios de observación, en los que se obtuvieron saberes y se ensayaron tratamientos que supusieron un cambio importante en relación con las pedagogías disciplinarias hasta entonces dominantes. Y fue precisamente en estas instituciones de corrección en donde comenzaron a aplicarse por conocidos miembros de la llamada *escuela nueva* métodos y técnicas, en donde se ensayaron nuevos materiales, en donde se aplicaron nuevos dispositivos de poder que implicaban una reutilización del espacio y del tiempo, una visión diferente de la infancia, la producción de nuevas formas de subjetividad que eran inseparables de un nuevo estatuto del saber (Varela, 1995, 172).

María Montessori y Ovidio Decroly fueron eminentes "pedagogos activos" que centraron sus trabajos iniciales con niños retrasados y anormales. Su sistema pedagógico tiene un fuerte fundamento biológico (biomédico), basado en una crítica contundente a la pedagogía clásica, tradicional o disciplinaria[3]. Estos peda-

---

3. Para ampliar sobre algunas características de las "pedagogías disciplinarias" remitirse a Julia Varela (1995, 161-169), las cuales pueden sintetizarse en horarios inflexibles, espacios rígidos, programas recargados, exámenes sancionadores, castigos físicos, entre otros.

gogos tenían una formación médica que delimitaba su mirada hacia las leyes biológicas de adaptación y desarrollo de la infancia anormal y normal, inquietud heredada –en parte– de las teorías rousseaunianas sobre la acción y la actividad infantil, o en otras palabras, tenían un anclaje en el concepto "niño activo y natural". La sustentación científica experimental del "niño natural" reclama la individualización de la enseñanza mediante técnicas, métodos y materiales también experimentales.

Su pedagogía emerge precisamente en las instituciones especiales para niños anormales que funcionaron como laboratorios de experimentación sobre las leyes del desarrollo y la psicofisiología infantil. A mediados de la primera década del siglo XX estos mismos pedagogos fundaron escuelas privadas para niños normales, donde pusieron en experimentación sus métodos, materiales y teorías que habían surtido efectos positivos con los denominados comúnmente *niños anormales*. Aparecen *La casa dei bambini* en Italia (1907) y la *Ecole de l' Ermitage* en Bélgica (1907). Este acontecimiento permite afirmar que se asiste a un traslado o extensión de las "pedagogías correctivas" hacia las "pedagogía activas", generalizando sus poderes y saberes a poblaciones más amplias de la sociedad (ya no solamente a la *infancia anormal*).[4]

---

4 Esta tesis no es válida para todos los pedagogos activos, como por ejemplo John Dewey, Antón Makarenko, Celestine Freinet, entre otros. Podemos relativizar la tesis de Varela insertando una clasificación sobre la "pedagogía activa" establecida por Sáenz, Saldarriaga y Ospina (1997, 35-36), los cuales la dividen en *pedagogía activa experimental* y *pedagogía activa experiencial*. La

Estas *pedagogías correctivas* tienen como trasfondo conceptual el regeneracionismo y el reformismo social, es decir, una preocupación por la degeneración de la especie (ejemplificado con la ecuación infancia-salvajismo-criminal-loco), por la necesidad de intervenir profiláctica y terapéuticamente en las infancias anormales y, además, por el afán por construir un nuevo tipo de pedagogía más acorde con la infancia, con los nuevos tiempos y retos de las "sociedades modernas".

> En su rechazo de las pedagogías disciplinarias se percibe la necesidad de evitar un control considerado exterior y demasiado coactivo. Su gran problema es cómo conseguir un nuevo control menos visible, menos opresivo y más operativo. Para lograrlo, no solo sitúan al niño en el centro del proceso educativo mismo, haciendo pasar en teoría al maestro a un segundo plano, sino que además hacen coincidir un medio educativo "artificial", minuciosamente organizado y preparado, con unas supuestas "necesidades naturales" del niño. Sus sistemas teóricos implican la aceptación de una visión ideológica de la sociedad formada por individuos y aceptan, también [...] el positivismo evolucionista [...] (Varela, 1995, 175).

Con estos "nuevos" postulados el maestro adquiere el papel de organizador del medio escolar de acuerdo a los "intereses" y "necesidades" de los niños y de propulsor de una autodisciplina, es decir, el disciplinamiento del inte-

---

primera *"buscaba hacer de la escuela un laboratorio de experimentación médica, psicológica y pedagógica, la experiencial adoptó una nueva filosofía de la educación a partir de concepciones pragmatistas, de las teorías evolucionistas y de las nuevas concepciones sobre la infancia y el conocimiento. La primera fue un experimento científico regido por los métodos de la ciencia, mientras que la segunda formuló nuevos fines y métodos a partir de la aplicación de los descubrimientos de los saberes modernos y de la observación empática, más que científica, del alumno".*

rior gracias al autoconocimiento y la autoeducación. La función del maestro o de la maestra consiste en colaborar con la actividad individual del niño en contacto con el "material didáctico" o en ser "la guardiana y protectora del medio". El tiempo se subjetiva y restringe al niño, el espacio de modifica según los materiales y la actividad infantil, las enseñanzas están centradas en los intereses y necesidades del "niño natural". Las pedagogías sobre la "infancia anormal" modificarán sustancialmente el sistema de educación pública, permitiendo hablar de un psicopoder (poder interno sobre los individuos) y del auge de unas "pedagogía psicológicas" (*cfr*. Varela, op. cit., 178-189).

Génesis institucional de la educación especial en Estados Unidos

Para John Richardson y Tara Parker (1996), la génesis de la educación especial en los Estados Unidos a principios del siglo XX está íntimamente relacionada con un conjunto sistemático y secuencial (aunque no lineal) de acontecimientos, a saber: 1) el incremento de las matrículas causado por la asistencia obligatoria y el dilema alrededor de los emergentes "grupos desviados"; 2) la legalización y materialización de la educación universal obligatoria con la creación de las clases y escuelas especiales; 3) la articulación de la clase especial con la producción y proliferación de las pruebas para medir la inteligencia; 4) el proceso de génesis de la educación vocacional arraigada a la escuela pública y las prácticas de clasificación del estudiantado; 5) la consideración de la distinción de género y su incidencia en la génesis institucional de la educación especial en Norteamérica.

Este conjunto de acontecimientos está permeado por un contexto más amplio conformado por "[...] *la antinomia entre un acceso democrático a la escolarización elemental y la exigencia de eficiencia por parte de la organización escolar*" (Richardson y Parker 1996, 127). Al mismo tiempo, la configuración histórica de la mencionada antinomia hunde sus raíces en el orden institucional pedagógico-disciplinario y en el orden asistencial-psiquiátrico del siglo XIX. En los Estados Unidos el sistema tradicional de aprendizaje se constituye en la explicación histórica para comprender el núcleo de la escolarización elemental, en tanto implicaba un modelo de obligación social y una teoría concreta de la pedagogía.

> El declive del sistema de aprendizaje socavó la capacidad de las comunidades locales para confiar a la familia el cuidado de sus miembros indigentes e inestables. Al mismo tiempo que se realizaban intentos por codificar las expectativas del aprendizaje, los estados impusieron exigencias laborales sobre los indigentes y dependientes, transformando los asilos de pobres en talleres de trabajo. (Richardson y Parker, ibíd., 128).

Para poder organizar este modo de asistencia social, los estados federales levantaron un censo poblacional que sirvió de fundamento para el establecimiento de instituciones de beneficencia (tales como el asilo para locos, el hospital estatal para sordos y ciegos), las cuales fueron creadas *antes* que el reformatorio estatal o la escuela industrial para la juventud delincuente, que a su vez antecedieron la estructuración legal y práctica de la asistencia obligatoria a la escuela pública. Se puede observar con detenimiento cómo una especie de red progresiva y extensiva de fundación institucional se conforma en una antesala precisa para la génesis de la educación especial.

En tanto el incremento de estas instituciones se fortalecía en teorías de la pedagogía y en prácticas de enseñanza, algunas escuelas se resistieron a convertirse o tornarse en "asilos para incurables" (por ejemplo, las escuelas experimentales o las residenciales). *Su propósito esencial era educativo, lo que se veía fomentado por una ideología optimista que veía al débil mental como 'perfeccionable'. Como tales, los sordos, ciegos y débiles mentales eran alumnos*" (Richardson y Parker, ibíd, 129). A partir de la aprobación legal de la asistencia obligatoria a la escuela surgió el mandato idealizado de aceptación de todos los niños en edad legal y para cumplirlo se creó la clase no graduada para los niños pobres, físicamente impedidos e indisciplinados, volviéndose "[...] *habitual en los sistemas escolares urbanos a finales del siglo XIX, y más tarde se convirtió en la cluse especial para niños excepcionales.*" (ibíd., 130).

Cuando la obligatoriedad de la escuela se naturalizó comenzaron a emerger categorías legales, científicamente fundadas e imprecisas para clasificar y controlar a los niños, niñas y jóvenes que no la aprovechaban para instruirse o educarse, apareciendo entonces la vagancia y la no asistencia como delitos socialmente punibles.

> A finales del siglo XIX estas desviaciones quedaron incluidas en la categoría moralmente resonante del niño "retrasado". La resonancia de esta nueva categoría se encuentra en su capacidad para eludir la definición precisa. El niño retrasado era muchas cosas: de mentalidad lenta y de cuerpo a menudo defectuoso, de ambiente familiar pobre, y perezoso aunque desafiante en la escuela, pero, por encima de todo, el niño retrasado era "malo" y varón. El retraso y la maldad se vieron ahora como causalmente relacionados [...] (Richardson y Parker, 1996, 131).

El tratamiento correctivo de los denominados retrasados implicó una transformación vocacional de los reformatorios (para chicos) y las escuelas industriales (para chicas), teniendo como consecuencia directa un cambio importante para la escuela elemental. Una educación para el trabajo que producía mejoras innegables en los jóvenes ineducables se convirtió en un argumento contundente para efectuar su incorporación a la escuela elemental. Las "escuelas reformadoras" (*reform schools*) implicaron una pedagogía de alcance más amplio mediante la atención del niño completo (uniendo instrucción literaria, práctica y vocacional) y la evolución del sistema de clasificación por grado implementado en la escuela primaria. *"Para el reformatorio, el "grupo" era la unidad, y las bases de la clasificación eran diferentes en carácter moral y en capacidad física o mental [...] habían 'aprendido' a adaptar la instrucción educativa a ellos [...]"*(Richardson y Parker, ibíd., 133). El principio discursivo que otorgaba coherencia a estas clasificaciones es el "contagio", legitimando la segregación grupal para evitar la propagación de las degeneraciones y enfermedades morales.

Estas clasificaciones desarrolladas por las "escuelas reformadoras" sirvieron como esquema para la organización de la clase no graduada o especial para vagos e incorregibles de la escuela elemental en Estados Unidos.

> A esta conexión organizativa se le otorgó una cierta prioridad nacional con la promoción obligatoria, por parte del Comonwealth Fund, del Programa para la Prevención de la Delincuencia Juvenil, en 1921. La base de apoyo de este esfuerzo fue de largo alcance, y vinculó a la Asociación de Educación Pública de Nueva York, el Comité Nacional para la Higiene Mental, la Escuela de Nueva York para el Trabajo Social, y el Comité Conjunto sobre Métodos de Prevención de la Delincuencia. (Richardson y Parker, ibíd, 133-134).

Por su parte, la articulación de la educación vocacional y la escuela elemental no se perfilaba con claridad a inicios del siglo XX. Pero, a medida que se hacían visibles los "rezagados" y "retrasados" de las escuelas se incrementaban los estudios e investigaciones sobre sus causas y se postulaban decisiones políticas para reformar la escuela misma a finales de la década de 1910. Henry Goddard (director del Departamento de Investigación de la Escuela de Formación para Niños Débiles Mentales en Vineland, New Jersey) insertó la problemática de los débiles mentales directamente con el tema de la eficiencia escolar, estableciendo dos recomendaciones puntuales: depurar la clasificación de los alumnos con la implementación de las pruebas mentales de Binet-Simon (dividiéndolos en simplemente retrasados, débiles mentales, normales y supernormales) y mantener a estos niños *dentro* de la escuela urbana pero bajo la supervisión de un superintendente de escuelas y clases para deficientes (Richardson y Parker, 1996, 135). De esta manera aparece la fuerte correspondencia técnico-científica y organizativa entre la escuela elemental y las pruebas de inteligencia, donde Lewis Terman tuvo una amplia ingerencia. Con Terman se logra la legitimidad de las clasificaciones escolares basadas en los exámenes de medición. Un último elemento analizado por Richardson y Parker consiste en la presencia diferencial del género en la génesis institucional de la educación especial en Estados Unidos mediante la materialización de la educación vocacional.

En síntesis, la invención de la infancia anormal acontece a principios del siglo XX en los países europeos; bien sea mediante la correspondencia de una institucionalización y la constitución de un campo científico (con la delimitación de un instrumento, unas clasificaciones, unos profesionales, unas instituciones, unos métodos de enseñanza y unas funciones sociales), o bien sea a través de la emergencia de instituciones de socialización y resocialización desprendidas de las grandes instituciones de normalización de los siglos XVIII y XIX e incluso con la configuración de un saber–poder como las "pedagogías correctivas" basándose en la aparición de la misma infancia anormal o de la génesis institucional de las clases y escuelas especiales.

Todos estos relatos tienen un punto de cruce: la instrucción obligatoria, gratuita, laica y pública. Estas tesis son válidas –en gran medida– para los países europeos y para Estados Unidos, pero en el caso colombiano (y tal vez latinoamericano) es necesario entenderlas como un punto de partida equivocado. En nuestra formación social las condiciones para que aparezca el discurso de la "educación de anormales" serán un tanto disímiles, singulares (aunque sin duda alguna mantendrán unas cercanías innegables con los acontecimientos ocurridos en los países europeos y anglosajones). Sin embargo, es necesario mirar de otro modo, recuperando esta posición general de algunos discursos histórico-críticos sobre el nacimiento de la educación especial en Occidente.

La educación especial desde la historia de las prácticas pedagógicas

La presente investigación retoma algunos aportes metodológicos y conceptualizaciones provenientes de trabajos críticos sobre la historia de la educación especial que entretejen categorías sociológicas, antropológicas, genealógicas, económicas, políticas y de poder/saber con los procesos de emergencia o nacimiento de la educación especial a finales del siglo XIX y principios del XX. Estos trabajos rompen con la linealidad, con los datos sucesivos y encadenados, con la mirada teleológica triunfante, con la reseña escueta de eventos, con una mirada inocente e ingenua. Al mismo tiempo, tienen un punto de partida similar para explicar el mencionado nacimiento, aunque efectúan énfasis en aspectos distintos: la configuración de un campo de conocimiento y de mercado (Muel, 1991), las transformaciones producidas para una historia de la pedagogía (Álvarez-Uría y Varela, 1991; Varela, 1995), la estructuración de las escuelas especiales como instituciones de control articuladas con el orden disciplinario (Álvarez-Uría, 1996) o desde la génesis institucional de la educación especial (Richardson y Parker, 1996).

En términos generales, cada una de estas historias se realiza desde una especie de "sociología de la educación", utilizando categorías y métodos propios de la *sociología* que desplazan hacia un segundo plano las reflexiones desde la *pedagogía* (valga decir: desde el horizonte conceptual de la pedagogía). Son representantes de una sociología que toma como objeto la educación en el marco de las "ciencias de la educación" (Zuluaga, 2003, 21-22) o de las teorías sociológicas anglosajonas (nueva sociología de la educación), las cuales específicamente posan su mirada sobre la "educación especial" como objeto de análisis e investigación. En palabras de Richardson y Parker (op. cit., 152):

> El estudio de la educación especial ha permanecido desde hace tiempo al margen del trabajo rutinario de la sociología. Aunque este descuido ha disminuido gracias a los estudios críticos sobre la dependencia de la educación especial con respecto a la escolarización regular, dichos estudios se han limitado a marcos temporales muy estrechos. En contra de ese descuido [...] se trata de destacar la educación especial como algo que ocupa un lugar crítico en el desarrollo de los sistemas educativos estatales.

En efecto, estos trabajos sociológicos críticos intentan redimensionar su análisis desde perspectivas socialmente abarcantes, implementando categorías históricosociológicas que vinculan los procesos de emergencia de la educación especial con la constitución general de los sistemas de educación pública. De este modo, la especificidad de la educación especial no queda reducida a la instrucción de los anteriormente denominados niños anormales, sino que se hace visible la red institucional y técnico-científica que posibilitó su nacimiento en Occidente.

Nuestro interés consiste en promover una historia de la educación especial desde una mirada eminentemente "pedagógica": ni una historia de datos escuetos ni centrada en forma exclusiva en las instituciones, ni en la prominencia de lo social como explicación absoluta ni en la sociología como marco de análisis. Pretendemos centrarnos en una *pedagogía* que nos permita reflexionar históricamente y comprometernos políticamente en la transformación del presente. De esta manera, la historia se transforma en uno de los escenarios obligatorios para el análisis de la educación especial en los terrenos del saber pedagógico en Colombia, posibilitando dar un salto del aula especial y del aula de apoyo a la historia, trasladarse desde un terreno cerrado hacia uno abierto, desde un terreno monolítico hacia uno plural, descentrarse del método como única matriz de pensamiento-acción para instalarse en el campo conceptual de la pedagogía, sumergirse en los espacios del saber, de los conceptos, las conceptualizaciones y las experiencias.

El encuentro con el saber pedagógico y la historia de la práctica pedagógica otorga la posibilidad de desplazarse hacia un maestro como sujeto portador y productor de saber, un intelectual transformador de las condiciones locales de existencia, un ciudadano activo y participativo, con unos discursos y unas experiencias que le otorguen legitimidad social y académica, para que no siga siendo un susurro en el sistema de educación nacional. De igual forma, se está abriendo un camino para que los educadores especiales y los maestros continuemos pensando la pedagogía con herramientas históricas sin ser "historiadores".

Asimismo, estaría permitiendo desplazarse hacia las luchas sociales y de poder-saber, empezar a romper con las lógicas y verdades imperantes de la psicología cognitiva, de la biomedicina experimental y de la psiquiatría (anquilosadas "invisiblemente" en la profundidad de la educación especial en la actualidad). De esta manera se puede comenzar a desgajar el "encierro" de la educación especial y valorarla como un campo disciplinar con objetos, problemas, métodos de análisis, relaciones conceptuales con diferentes dominios de saber, etc., para alcanzar a disminuir lo que bien plantea Carlos Skliar (2003, 120): "[...] *la alteridad deficiente y la educación especial [...] son tratados como tópicos básicamente subteóricos. Y ello ocurre, curiosamente, en una época donde los acontecimientos más triviales y superfluos, como el dormir, hacer dieta, mirar al vacío, o comprar objetos inservibles, están siendo hiperteorizados.*"

Olga Lucía Zuluaga y el Grupo Historia de la Práctica Pedagógica en Colombia (ver por ejemplo: Zuluaga,

1987, 1999, 2003, 2004) proponen un método de análisis, una epistemología y una conceptualización sobre la pedagogía de nuestra formación social. Partiendo de esta operación, se dispusieron a investigar sobre la historia de la práctica pedagógica y el saber pedagógico colombiano desde la Colonia hasta la década de 1990[5], sobre la formación de maestros en las escuelas normales superiores y el maestro mismo,[6] sobre las políticas educativas nacionales y latinoamericanas,[7] sobre la Expedición Pedagógica Nacional (2001), entre otras temáticas y problemáticas propias de la pedagogía y la educación colombianas.

La mayor producción intelectual se encuentra ubicada en el plano de lo histórico, lo arqueológico-genealógico y lo epistemológico. El Grupo ha entendido la "historia" de múltiples maneras, pero un signo común les caracteriza: es utilizada como una herramienta de análisis para develar las verdades, las condiciones, las discontinuidades, los procesos, las hegemonías, las nociones, los instrumentos, las relaciones de poder, etc. que acontecieron y acontecen en la pedagogía de

---

5. Zuluaga, op. cit.; Echeverri, 1989; Sáenz, 1995-1996, 1999; Saldarriaga, 1997, 2003; Quiceno, 2002, 2003, 2004; Álvarez, 2003; Boom, Noguera y Castro, 2003. Badhicei, *Bases para el Avance de la Historia Comparada de la Educación en Iberoamérica*.

6. Aciforma, Apropiación del Campo Intelectual de la Educación en la Formación de Maestros, 1994-1997. Proyecto de Reestructuración de las Escuelas Normales Superiores de Antioquia. La información sobre esta experiencia investigativa, conceptual y aplicada, se puede encontrar condensada en la Revista *Educación y Pedagogía*, No. 16, 1996.

7. Martínez Boom, Alberto (1996, 2000, 2005).

nuestro país, análisis que abrieron las condiciones de posibilidad para *fundar* un nuevo tipo de discurso pedagógico, de subjetividad y de institución.

> El recurso de la historia sirvió para develar qué era lo que estaba pasando en Colombia, en la educación, en los modelos institucionales y en la pedagogía que habían llevado a cambiar la representación que se tenía de los sujetos. La pregunta era por el tipo de fuerza o poder que había cambiado la educación que se tenía del hombre y de las mujeres. La historia de la pedagogía era, por otra parte, la mejor manera para revertir lo que estaba pasando en la educación, para modificar la situación que había llevado a un olvido del sujeto y a su sustitución por la corrección de su conducta. [Se estaría partiendo de una concepción de la historia como posibilitadora de posibilidades. Si se pregunta por el sujeto de una práctica y un saber, se remite a la necesidad de construirlo o reconstruirlo desde perspectivas diferentes. El problema fundamental planteado se circunscribe al maestro, al profesor] (Quiceno, 2002, 3).

Como se puede apreciar, se tomaron como punto de partida unos problemas del presente de la pedagogía que justificaron el recurso a la historia como una manera de poder objetivar las condiciones, los acontecimientos, el funcionamiento y las relaciones de poder-saber que dominaban el discurso pedagógico, discurso que sumergía al maestro en el más profundo instrumentalismo, dominación y silenciamiento. Los problemas centrales fueron: la instrumentación y subyugación de la pedagogía ante las ciencias de la educación; la invisibilidad del maestro como intelectual y el despojado del saber que practicaba; y la debilidad de las escuelas normales y las facultades de educación que se presentaban como instituciones profesionalizantes y no de saber pedagógico.

La historia al lado de la epistemología,[8] sirvió como una herramienta indispensable para poder construir una pedagogía instalada en un lugar diferente, que rescatara el conocimiento de la historia de la práctica pedagógica y la necesidad de instituir unos discursos relativamente "autónomos" que posibilitaran comprender y ubicar al maestro en un lugar social, modificar su situación subalterna en la división social de los saberes, es decir, asignarle un estatuto no instrumentalizado que lo saque de la pasividad y lo ubique en una posición activa y productiva del saber pedagógico, y en relación con lo público, el conocimiento, la cultura y el deseo.[9]

Estos análisis nos han servido como escenario para pensar y construir una historia de la educación especial desde la pedagogía en comunión con una mirada crítica

---

8. "[...] *la historia de un saber no escapa a preguntas epistemológicas sobre la formación del saber. Aunque no pueden imponerse al análisis direcciones ajenas a las de la propia formación discursiva, existen posibles abordajes para investigar el proceso efectivo de su conformación histórica que la hacen asequible, en mayor o menor grado al análisis epistemológico. En este contexto, la historia del saber guarda relaciones bien explícitas con la práctica social y con los procesos de institucionalización donde los saberes se insertan a sociedades específicas".* Zuluaga Garcés, Olga Lucía. "El saber pedagógico: experiencias y conceptualizaciones", en *Encuentros pedagógicos transculturales: desarrollo comparado de las conceptualizaciones y experiencias pedagógicas en Colombia y Alemania,* Medellín, 2001, pp. 82.

9. Conversaciones con el profesor Jesús Alberto Echeverri, octubre de 2004.

desde la historia de los saberes. Nuestra investigación retoma parte del utillaje intelectual del Grupo Historia de la Práctica Pedagógica para hablar sobre unas historias del proceso de apropiación e institucionalización de la pedagogía o educación de anormales.[10] Para establecer este análisis histórico pedagógico se ha retomado un conjunto de nociones metodológicas y de herramientas conceptuales que permitan hacer emerger una historia local y una analítica de las relaciones entre saber y poder sobre la pedagogía de anormales (basados en los trabajos de Michel Foucault), las cuales inauguran un programa de investigaciones que tienen como objetivo principal realizar la *historia del presente* de la educación especial en Colombia.

Las nociones metodológicas de práctica pedagógica, saber pedagógico, análisis enunciativo, apropiación e institucionalización, horizonte conceptual de la pedagogía, enseñanza como objeto histórico de saber, tematización, entre otras (Zuluaga, 1999, 2004), han sido esenciales al efectuar el análisis del campo documental de nuestro problema investigativo. Estas nociones permiten describir el funcionamiento interno de la pedagogía de anormales, manteniendo los nexos con distintas ciencias o discursos modernos, con discusiones nacionales de la época o con transformaciones conceptuales e

---

10. Es necesario aclarar que en el período analizado en nuestra investigación se utilizaban indistintamente los conceptos educación y pedagogía para referirse a la práctica pedagógica que tenía como objeto la infancia anormal.

institucionales. Los aportes de Michel Foucault se verán aplicados: tanto en la construcción de herramientas conceptuales que permiten ampliar los horizontes de sentido histórico de la educación y la pedagogía, como en la demostración de afirmaciones *innovadoras* (por ejemplo, la *estrategia de profilaxis* o las *tecnologías médico–psico–pedagógicas*).

Con base en esta propuesta metodológica se definieron cuatro tipos de lectura: temática, metodológica, discursiva y crítica (Zuluaga, 1999, 237-241), que serían ordenadas y organizadas de acuerdo a las relaciones que se fijaron para llevar a cabo el estudio. Al lado de estas lecturas que se entienden como los instrumentos de investigación, se estableció una serie de etapas con el fin de puntualizar los procedimientos a seguir: exploración documental, tematización, elección de relaciones o temáticas directrices del proyecto (localización en el campo documental) y escritura.

No hablaremos de un tiempo lineal de la pedagogía de anormales. La periodización no se instaura de acuerdo a los períodos de gobierno de los partidos políticos ni según los grandes hitos de la pedagogía ni mucho menos de acuerdo a los imaginarios actuales sobre el pasado, imperantes en las historias lineales, consecutivas y evolutivas de la educación especial en Colombia. No se encontrará una sucesión concatenada de acontecimientos que tienden a demostrar el proceso ascendente de humanización mediante la educación de los anormales. No se verá reflejada una historia total ni totalitaria y, mucho menos, una historia sociológica.

El tiempo será discontinuo, no lineal, fragmentario. La periodización emerge del cruce de las series de conceptos, instituciones y sujetos. Está sujeta al tiempo de los conceptos, a su movilidad y desplazamiento, a la red de relaciones discursivas que sostiene la pedagogía de anormales. Se muestra la sutilización de los mecanismos de poder-saber, las relaciones de fuerza que instituyen un campo discursivo legitimado socialmente por los saberes modernos, el incremento de los procesos de objetivación y subjetivación del *anormal*. Esta historia será local, singular, una serie desgajada del tiempo, correspondiente al *saber pedagógico* colombiano. Tendrá un énfasis en y desde la pedagogía misma.

Los planteamientos epistemológicos y metódicos de la historia de la práctica pedagógica nos distancian de las historias sociológicas. La pedagogía permite conceptualizar histórica, epistémica y pedagógicamente la educación de anormales, nos hace sujetos productores de saber pedagógico y de educación especial, disminuye las brechas que separan al historiador del maestro, hace visibles las relaciones de poder-saber y sus vinculaciones con las problemáticas sociales. La historia de la práctica pedagógica es la condición de posibilidad para promover una historia de la educación especial en Colombia desde un lugar no habitual, desde un espacio plural y abierto de saber que nos comunica con las ciencias, las disciplinas, las culturas y las cotidianidades. Una historia que sirve para transformar el presente, un asidero para materializar y concretar nuestras posturas político-pedagógicas que necesariamente implican deslocalizar la normalidad como centro y comenzar a instaurar prácticas y conceptualizaciones menos onerosas y eufemísticas de aquellos sujetos anteriormente denominados como "niños anormales".

Capítulo II
"Pedagogía, idiotas y anormales":
Enrique Cortés, Martín Restrepo Mejía y Tomás Cadavid Restrepo[1]

En *Mirar la infancia: pedagogía, moral y modernidad en Colombia, 1903-1946* (Sáenz, Saldarriaga y Ospina, 1997), la educación de anormales se entiende como el segundo espacio de apropiación de la pedagogía activa en Colombia:[2]

---

1. Segunda versión de "Pedagogía, idiotas y anormales. Una historia de la pedagogía de anormales en Colombia, 1870-1930", en Revista *Alternativas*, Serie Espacio Pedagógico, Año 9, No. 35-36, 2004, Universidad de San Luis, Argentina, pp. 115-130.

2. El primer espacio de apropiación son algunos escritos de intelectuales modernos, los cuales estaban dispersos en revistas y tesis; el segundo son las facultades de medicina y las prácticas del examen escolar; un tercer espacio fue el Gimnasio Moderno, el cuarto fue el uso de algunas nociones provenientes de las teorías de la evolución, la criminología, la psiquiatría y la medicina, el discurso de la sociobiología especulativa y las discusiones sobre la degeneración de la raza.

> A partir del saber médico, en los años veinte se introducirían algunas prácticas del examen escolar y de la pedagogía activa en escuelas para anormales y para menores delincuentes –tanto privadas como públicas–, principalmente en el departamento de Antioquia, las cuales transformaron la enseñanza y el régimen carcelario de estos establecimientos. A partir de su reorientación, estas instituciones se convirtieron en *escuelas examinadoras*, regidas por los principios y las prácticas de la vertiente experimental europea de la pedagogía activa. Tales instituciones dirigieron su mirada hacia la detección y corrección de anormalidades psíquicas y físicas y desarrollaron prácticas de clasificación escolar y orientación profesional (1997, Vol. 2, p. 49).

Desde finales del siglo XIX hasta los principios del siglo XX el discurso pedagógico sobre idiotas y anormales se introduce, modifica, apropia e institucionaliza en Colombia. Se identificaron tres puntos que articulan instituciones, saberes y sujetos alrededor de una práctica discursiva singular que en la actualidad se conoce como *educación especial*. A continuación se presenta una exploración inicial sobre algunas formas de institucionalización y apropiación del discurso pedagógico de la *educación especial*, el cual se modifica incesantemente en la actualidad,[3] al mismo tiempo que produce desplazamientos en las formas de existencia de la educación y la pedagogía en Colombia.[4]

---

3. Asumiendo el discurso de la *inclusión educativa* y el enfoque de atención a personas con discapacidad basado en los derechos y en miradas ecológicas, los cuales tienen fundamento epistemológico en la sociología, la antropología cultural, la psicología cognitiva, etc.

4. Con esta apreciación nos referimos a los cambios en el Sistema Educativo Nacional generados –en parte– por la actual propuesta del Ministerio de Educación Nacional sobre integración escolar de niños, niñas y jóvenes con necesidades educativas especiales en las escuelas regulares u ordinarias:

Se abordarán tres *autores*, pedagogos colombianos, a saber: Enrique Cortés, Martín Restrepo Mejía y Tomás Cadavid Restrepo. Estos autores permiten sintetizar y diferenciar tres modos de pensamiento pedagógico sobre el idiota y la anormalidad para unas temporalidades más o menos específicas: 1870-1874, 1908-1914 y 1920-1925. Trabajar sobre cada *autor* posibilita mostrar el despliegue de un "dispositivo conceptual" sobre la educación de idiotas y de anormales y, más concretamente, las nociones de *idiota* y *anormal*.

El autor no será entendido en forma "biográfica" (exposición de los datos personales, logros profesionales, experiencias más relevantes que incidieron en su producción conceptual, influencia para el desarrollo y progreso del país, etc.), ni como sujeto parlante que se convierte en productor exclusivo de un pensamiento que conduce a la mayor claridad sobre una problemática o un objeto de conocimiento. El autor se puede comprender como un principio de agrupación del discurso, que no debe ser considerado como el individuo que habla y que pronuncia o que escribe un texto. No es pues el autor como foco de coherencia del discurso ni como unidad y origen de sus significados.

Se utiliza la división por autor con dos intenciones: en primer lugar, para facilitar la exposición del análisis investigativo y, en segundo lugar, para mostrar cómo la vinculación del sujeto al discurso pedagógico se asume

---

Ley General de Educación, Ley 115 de 1994, Decreto 2082 de 1996, Ley 364 de 1997, Resolución 2565 de 2003, Orientaciones nacionales para la integración de personas con discapacidad, de 2005, entre otras.

como una subordinación de aquel a las reglas que rigen su decir en la institución educativa, puesto que todos los sujetos de saber que tomen parte en el discurso están inscritos en las mismas reglas. *"Desaparece, entonces, el autor como principio de análisis, y es la institución en su régimen de producción, utilización y adecuación del discurso pedagógico lo que constituye el objeto de análisis. Es así como se aprehende el saber y su práctica pedagógica."* (Zuluaga, 1987, 36). Además, conocer a nuestros propios pedagogos es necesario para poder repensar la historicidad y la actualidad de la educación especial.

Enseñanza obligatoria y alejamiento de la escuela: Enrique Cortés[5]

Enrique Cortés (1896a) presenta en 1871 el primer informe como director de Instrucción Pública del Estado Soberano de Cundinamarca, en el gobierno de los liberales radicales (1870-1886), en el cual se pueden avizorar algunas concepciones, planteamientos y problemas inherentes a la relación *educación-idiota*, que se mantienen constantes en el desarrollo de una política en contra de la decadencia del pueblo, representada -entre otros- en el *idiota*, entendida como el estado al que no se debe

---

5. Nació en Tunja en 1838 y murió en 1912. Diplomático, administrador, banquero, comerciante, ensayista, novelista. Director de Instrucción Pública de los Estados Unidos de Colombia en 1870, miembro del grupo político que estableció en la educación la vía para conquistar la civilización. Entre sus obras tenemos: *Escritos varios*, 1896. Una compilación de sus artículos e informes de instrucción fueron publicados seriadamente en *La Escuela Normal*, periódico oficial del gobierno de los liberales radicales.

llegar, el negado, el prohibido, el vedado, pues impide el desarrollo del pueblo y, por ende, de la sociedad.

Llevar la educación a todos los miembros que la escuela pueda albergar, hacer que todos asistan a ella, es uno de los dispositivos de normalización que despliega la sociedad, pues posibilita establecer en forma sistemática y "racional" principios de organización y clasificación para homogeneizar a las poblaciones. La escuela tiene que ser capaz de hacer que todos los elementos de la sociedad sean útiles para los proyectos industrializadores y progresistas de la época, es decir, que asuma la función de *"enseñar para el trabajo"*. Desde el inicio del informe se expone la importancia de la educación pues es la *"única alternativa para evitar que el pueblo caiga en la "miseria", y como consecuencia se derrumbe la República*, al tiempo que provee riqueza, saber y trabajo: *"Saber es educación, trabajar es educación"* (Cortés, 1896a, 112). Por tanto, la propuesta consiste en el fortalecimiento moral, intelectual y físico del pueblo a través de la escuela. Es en este nuevo espacio, designado como "enseñanza obligatoria", cuyo eje es la salvación de la república; se hace visible ya una posición sobre la relación *educación-idiotas*, la cual imprime las primeras huellas de una historia de la "educación de anormales".

Se retoma al *idiota* para establecer sus necesidades, carencias, penurias o desgracias, y se le coloca como ejemplo e imagen para evitar que el pueblo caiga en los vicios que aquel presenta. Para argumentar esta concepción, Cortés se remite al Decreto Orgánico de 1870, exponiendo la importancia que tiene la preparación del hombre en sus palabras, que exista "[...] *la libertad de educarse como el individuo quiera; pero no hay libertad de no educarse, es decir, de permanecer en un estado* antípoda y hostil *a la república*" (Cortes, 1896a, 107. Destacado fuera del texto). Si el hombre no se educa se estanca el "progreso de la nación"; más aún, la libertad termina cuando se opta por no educarse, quien no se educa no puede ser libre, y con esta ausencia de libertad se atenta contra la república. Podría decirse, pues, que los idiotas eran entendidos como "antípodas hostiles" al Estado. Hay una notable exclusión hacia el idiota y su condición, pues sus facultades estancadas van a impedir que tenga cabida en la escuela –así la enseñanza sea de tipo obligatoria– tal como lo postulaba el decreto orgánico:

> Art. 102. La comisión de vijilancia debe eximir a los individuos que tengan niños a su cargo de la obligación de matricularlos en la escuela primaria, siempre que se compruebe alguna de las escusas siguientes:
>
> 1. Que los niños reciben en su propia casa o en algún establecimiento público o privado la instrucción suficiente.
>
> 2. Que los niños están físicamente impedidos para concurrir a la escuela, que son cretinos o que padecen otra enfermedad que los hace inhábiles para el estudio.
>
> 3. Que residen a mas de tres kilómetros de distancia del local de la escuela, o que en el tránsito hai pasos peligrosos para los niños.
>
> 4. Que los niños no tienen los vestidos necesarios para concurrir a la escuela.

Este postulado se verá confirmado en los decretos y en los reglamentos de las escuelas elementales y superiores de algunos estados soberanos; dos casos específicos, los reglamentos de las escuelas de Abejorral y Sopetrán, en el Estado Soberano de Antioquia, lo confirman.

El Reglamento de la Escuela Superior de Abejorral decreta:

Art. 1º. La Escuela Superior de Abejorral se abrirá el dia 1º de agosto próximo en el local de la antigua escuela primaria, con los alumnos que quieran estudiar y que reunan las siguientes condiciones:

1ª Mas de ocho años de edad;

2ª Que posean los conocimientos que se expresan á continuacion: lectura y escritura en grado que puedan leer cualquier manuscrito y que entiendan lo que lean en impreso, las primeras oraciones de la Iglesia católica, y que tengan nociones, siquiera rudimentarias, de Aritmética y gramática castellana;

3ª Que no padezcan enfermedad contagiosa;

4ª Que no padezcan afeccion física ó intelectual que los imposibilite para el estudio.

Art. 2º. En caso de que despues de admitido un alumno y comenzada la enseñanza se note que está comprendido en algunos de los casos anteriores ó que no tiene absolutamente disposiciones intelectuales para aprender alguna cosa provechosa, ó que se manifiesta incorregible y que léjos de aprovechar el tiempo, sirva de escándalo ó tropiezo á los condiscípulos, se expulsará del establecimiento con previo conocimiento del Cabildo (*Monitor*, 1875, 36).

Por su parte, el Reglamento de la Escuela Superior de Varones del Cabildo de Sopetrán señala en sus artículos 4º y 6º lo siguiente:

Art. 4º. En caso que despues de admitido un alumno y comenzada la enseñanza, se note que está comprendido en algunas de las excepciones del artículo 2º., ó que no tiene absolutamente disposiciones intelectuales para aprender alguna cosa provechosa, ó que se manifiesta incorregible, y, que léjos de aprovechar el tiempo sirva de escándalo y tropiezo á los condiscípulos, se expulsará del establecimiento con previo conocimiento del Cabildo.

Art. 6º. Las cuestiones de edad las resolverá la respectiva partida de bautizo. Las relativas á las lesiones fisicas ó intelectuales, por el exámen é informe de un profesor de medicina. Las que se refieran á incorregibilidad, por el exámen é informe de la Junta calificadora creada en el artículo anterior (*Monitor*, 1875, 36).

De manera evidente se expone cómo la posibilidad de educación del individuo permite que haya un desarrollo de la república, no solo es un perfeccionamiento del hombre, sino de la sociedad en su conjunto:

El hombre marcha ascendiendo desde el estado brutal del antropófago, hasta el más acabado tipo de civilización. Su transformación y desarrollo del uno hasta el otro, no es otra cosa que un lento procedimiento de educación, ó sea de perfección, y la perfección es el punto de mira de las sociedades y del hombre: en aquéllas, irresistiblemente; en éste, voluntariamente en apariencia. Lo que se llama educación, pues, no es sino un término siempre relativo, y se aplica al cultivo, más ó menos completo, que recibe el individuo en su triple carácter de animal, ser pensante y ser responsable. Cultivarnos es, pues, un deber inherente á nuestra calidad de seres progresistas, y es un deber tan premioso, que sin él nos acercamos más y más a la barbarie ó sea la suma absoluta de la falta de educación que encierra en sí la suma de todos los delitos (Cortés, 1896a, 107).

El idiota era considerado un individuo que no podía educarse, por tanto se presenta como un "antípoda hostil" a la república; por tanto, el idiota en sí mismo es la suma de todos los delitos, vicios y males que afectan a la sociedad, el idiota expresa la falta absoluta de educación y esto lo acerca indudablemente a la barbarie. El idiota es la *barbarie* por naturaleza y así lo expresa Cortés cuando hace referencia al perfeccionamiento del hombre a través de la educación. Si no hay posibilidad de educación para el idiota, entonces tampoco hay perfeccionamiento; "perfeccionarse" hace que el idiota sea condenado al destierro de la educación y por causa de ella misma. Asimismo, con la premisa "la primera necesidad del hombre es vivir, la segunda mejorarse", se despliega la evidencia de la relación hombre-sociedad y de la relación *educación-idiotas*. En tanto la sociedad era entendida como organismo social[6] tenía por función incitar al individuo a buscar su buen desarrollo, para evitar que a futuro él se destruyera a sí mismo y arrastrase en esa destrucción a la sociedad. La sociedad impone a la educación la función de cultivar al ser humano y hacer que la humanidad mejore y se desarrolle, presentándola como la única posibilidad de salvación, pero, al mismo tiempo excluye al idiota, puesto que no puede ser pensado como hombre a cultivar por la educación; por lo tanto, su relación con la sociedad se define como una nueva exclusión.

---

6. Concepto retomado de la biología, aplicado a la sociedad como metáfora, cuya principal ingerencia fue efectuada por August Comte (*Cfr.* Álvarez-Uría y Varela, 1991).

El hombre debe cultivarse en todas las esferas, por ello se retoma la educación intelectual y moral como parte indispensable de tal proceso, pues mediante ella se accede al entendimiento y la razón.

> En el cultivo intelectual del cerebro humano se encierran todos los conocimientos, descubrimientos, inventos, ciencias, industria, manufacturas y cuanto forma el poderío, la felicidad material, y la riqueza de las sociedades. Del cultivo intelectual, es decir, de la educación intelectual, han nacido, desde la piragua del salvaje hasta el vapor del día presente [...]. No hay un solo paso en la vida del hombre sano, que no sea un avance en su educación intelectual. En el cultivo moral del cerebro humano se encierran las concepciones religiosas, la unión de los intereses de todos y de cada uno, el desinterés, la piedad, los afectos, la benevolencia, la justicia y el amor. Del cultivo moral, es decir, de la educación moral, han nacido, desde los sacrificios de sangre hasta los sacrificios de las pasiones; desde la adoración de las cebollas, hasta la adoración del Dios único, desde el infanticidio, sancionado por la ley, el sacrificio de los ancianos, los enfermos, inválidos y deformes, hasta el hospital de niños, enfermos, ciegos, sordomudos, ancianos y locos [...] (Cortés, 1896b, 108).

Todo se dispone hacia la consecución de un mismo fin: si la educación permite cultivar intelectual y moralmente el *cerebro* de un individuo, estaría asegurando el progreso y desarrollo de la nación, el Estado o la república, evitando que por causa de la ignorancia el hombre acabe consigo mismo, y al mismo tiempo, con la sociedad que lo alberga. La sociedad se dispone a protegerse como organismo social; por esta razón, siempre se piensa en la educación del pueblo: "[...] *un pueblo de idiotas, es decir, un pueblo de seres incapaces de ser educados, de recibir* cultivo en su cerebro, *sería un pueblo pobre en medio del oro y los diamantes, al paso que un pueblo altamente educado es riquísimo, opulento* [...]" (ibíd., 108–109). Existe una estrecha relación entre el proceso de perfeccionamiento y lo que se desea hacer con el hombre en bien de la sociedad: *cultivarlo*. El idiota no posee esta ventaja, perfeccionarse no está dado para él como ser humano, pues muestra de antemano una incapacidad para ello.

La educación es considerada la única fuente de riqueza, en la medida que permite el acceso al dominio de los saberes, las ciencias, las artes; contando con herramientas para la producción de capital, el *progreso* está dado por el desarrollo que se logra como individuo y sociedad. La educación permite saber, el saber está íntimamente ligado al trabajo y el trabajo es el principal componente del desarrollo. La educación es el perfeccionamiento mismo del hombre; a través ella el hombre llegará al más alto nivel de progreso, pasando de la animalidad a la civilización, y esto solo lo logra con la educación. En esta relación *escuela-trabajo-progreso* el idiota es desplazado, su estado impide su "inclusión"; si no está en la escuela no adquirirá el saber que le permite ser apto para el trabajo, luego no genera progreso para la nación; es triplemente excluido: del campo escolar, del campo laboral y de la empresa moderna llamada *progreso*.

Se hace explícita una discusión, que será proyecto político a mediados de la década de 1880: se habla de "regenerar" al país, a manera de crítica, ya que se hace explícito que no es suficiente trasplantar de un pueblo a otro, de una cultura a otra, de un cerebro a otro, unos conocimientos, procesos o técnicas; hace falta más preparación, más cultivo del cerebro y de las facultades del pueblo para alcanzar por esta vía el progreso que la república necesita. Esta crítica recibió una respuesta en el informe de Cortés; dicha respuesta se presenta como referencia indirecta de la educación de los idiotas en un periodo de la historia, pues establece al idiota como punto límite que divide la labor del maestro con la población apta para su educación. Sutil pero profunda es lanzada una pregunta que le pide al maestro que manifieste si es posible hacer de todos los niños y las niñas, hombres útiles y ejemplares.

> Si yo dirigiese una escuela bien montada y todos los niños asistiesen á ella diariamente desde los seis á los catorce años; si mis ayudantes fuesen muy buenos, y si estuviese rodeado y fortalecido por todas las circunstancias […] aun siendo como soy un maestro de muy medianas habilidades, puedo asegurarle que después de la segunda generación, *ni uno solo* de mis discípulos (exceptuando idiotas e imbéciles) dejaría de ser un miembro útil a la sociedad (Cortés, 1896a, 112).

Para el Sistema de Instrucción Pública[7] la gran mayoría de los individuos (niñas o niños) del pueblo al-

---

7. Para ampliar sobre la conformación, organización y funcionamiento del Sistema de instrucción pública colombiano remitirse a: Zuluaga Garcés, Olga Lucía (2002a), *La educación pública en Colombia, 1845-1875. Libertad de enseñanza y adopción de Pestalozzi en Bogotá*, Bogotá, Facultad de Educación, Universidad de Antioquia, IDEP; Zuluaga Garcés, Olga Lucía (directora), (2002b), *Historia de la educación en Bogotá*, Tomo I, Bogotá, IDEP; Zuluaga de Echeverri, Olga Lucía (1984), *El maestro y el saber pedagógico en Colombia, 1821-1848*, Medellín, Universidad de Antioquia, CIEP; Echeverri Sánchez, Jesús Alberto (1984), *Proceso de constitución de la instrucción publica 1819-*

canzarían a ser sujetos útiles a la sociedad, pero se hace explícita la proscripción contra los idiotas e imbéciles. Una nueva forma de justificar la exclusión desde la pedagogía: no solo por su condición, sino por la falta de capacidad del maestro para educarlo. La sociedad tiene un deber con todo el pueblo, "[...] *producir por medio de la educación una transformación tal en el carácter de los individuos, que se acaben casi por entero la miseria, la guerra, los crímenes, los antagonismos de intereses y la mayor parte de las circunstancias que producen infelicidad y desdicha en el mundo*" (ibíd., 112). Sin embargo, ella no tiene en cuenta a los idiotas e imbéciles en este deber, no hace hincapié en su necesidad de perfeccionamiento, se remite a ellos para exaltarlos como ejemplo de todas las desgracias que acarrea la no educación.

La educación opera como un mecanismo de control, que busca, por un lado, formar para el trabajo como vía de progreso, y por otro, actuar sobre la *voluntad* haciendo que los ciudadanos sean buenos y felices. La escuela, la enseñanza obligatoria, cumplirían la función social de preve-

---

1835, Medellín,Copiyepes; Echeverri Sánchez, Jesús Alberto (1989), *Santander y la instrucción publica 1819-1840*, Bogota, Foro Nacional por Colombia; Silva Olarte, Renán (1989) "La educación en Colombia. 1880-1930", en *Nueva Historia de Colombia*, Vol. 4, Educación y ciencias, Luchas de la Mujer, Vida Diaria, Bogotá, Planeta, pp. 61-86; Jaramillo Uribe, Jaime (1984), "El proceso de la educación en la República (1830-1886)", en *Nueva Historia de Colombia*, Vol. 2, Era republicana, Bogotá, Planeta, pp. 223-250; Zuluaga, Olga Lucía; Saldarriaga, Óscar; Osorio, Diego; Echeverri, Alberto; Zapata, Vladimir (2004). "La instrucción pública en Colombia, 1819-1902: surgimiento y desarrollo del sistema educativo", en Zuluaga Garcés, Olga Lucía y Ossenbach Sauter, Gabriela, (Comp), *Génesis y desarrollo de los sistemas educativos iberoamericanos siglo XIX*, Bogotá, Cooperativa Editorial Magisterio, pp 203-287.

nir situaciones e individuos que vayan contra el orden público, por ello la escuela obligatoria emerge como una opción para evitar la *desdicha del mundo*, puesto que:

> "[...] por la mejora general que introduciría en los caracteres individuales, vendría á destruir casi por completo el uso de la fuerza para el castigo de los crímenes y el mantenimiento del orden, usándola únicamente en aquel punto en el que produciría menos penalidades á los que fueran objeto de ella y un bien más positivo para la sociedad en general" (ibíd., 113).

La educación así planteada, genera y fomenta riqueza e industria al país, objetivo por el cual fue creada; pero la no educación hace que permanezcan dentro del pueblo la ignorancia, los vicios y el crimen. El no educarse destruye desde sus bases al sistema de gobierno, pues no tendría líderes inteligentes, ilustrados, buenos y felices, al contrario: serían ignorantes y viciosos. Por tales razones la *educación obligatoria* se presenta como el mejor proyecto de progreso moderno, pues liberaría al pueblo de tales condiciones, y permitiría desplegar una protección contra la ignorancia y los vicios que la destruyen. Al considerar al idiota como un *sujeto no educable*, no hay para él ninguna posibilidad de ser intelectual, moral o físicamente, educado.

La noción de *idiota*[8] en Enrique Cortés se remite a la definición dada por J.E.D. Esquirol (alienista francés

---

8. Jean Etienne Dominique Esquirol (1772-1840), alienista francés de principios del siglo XIX, propone que la idiotez se divide en dos clases: la primera comprende la imbecilidad, la segunda el idiotismo propiamente dicho, y admite varios grados, fundados en un solo síntoma: la palabra. (J.E. D. Esquirol: *Traité des maladies mentales*). Y además, propone el establecimiento de la diferencia entre idiota o idiocia y demencia en el

de mediados del siglo XIX), la cual plantea que la palabra es el principal síntoma de identificación y diferenciación. El idiota, como se ha sugerido hasta este punto, representa para este "período" histórico la oposición más fiel al ideal del hombre a formar. Se le considera como un individuo que por sus falencias impedirá el progreso de la sociedad, y comparado con un sujeto que ha tenido el debido cultivo de su cerebro, no podrá nunca dominar las artes, técnicas y ciencias y valerse por sí mismo.

> Demos á un idiota, á un hombre supinamente ignorante, el maíz en sazón, el caballo amanzado, la locomotora bufando y lista a lanzarse; el telégrafo temblando de impaciencia por transmitir el pensamiento; la manufactura apenas esperando su silenciosa e infatigable tarea; y el idiota no hará nada, reirá estúpidamente, destrozará en su ignorancia la delicada máquina y hará estallar la peligrosa locomotora (Cortés, 1896a, 109).

El establecimiento de las características de los idiotas está totalmente permeado por el saber biomédico y psiquiátrico, considerarlo como un ser incapaz de realizar cualquier acción evoca la definición que se tenía en la época: *"La idiotez es una lesión evolutiva caracterizada por la detención más ó menos completa del desarrollo de las facultades intelectuales"* (Rodríguez, 1896, 1). Este tipo de concepción predomina a lo largo de todo el planteamiento de Cortés, tanto en la escuela como en el discurso pedagógico. Es, sin duda, una mirada moldeada y

---

ictionnaire des sciences medicales (1818): caracterizando a la primera por su verificabilidad, organicidad e incurabilidad, y diferenciándola de las alienaciones mentales (Sánchez Manzano, 1994).

dirigida por la biomedicina. El idiota es no educable, no desarrollado, antípoda hostil, impropio para la vida social, aunque a largo plazo obtenga en ella un lugar modesto.

Idiotismo y educación en *Elementos de pedagogía*: Martín Restrepo Mejía[9]

En el libro de Martín Restrepo *Elementos de pedagogía* se pudo localizar, dentro del archivo construido para esta investigación, el primer documento pedagógico que registra una definición explícita de la noción de idiota, estableciendo someramente unas reflexiones alrededor de sus características y a las implicaciones que tendría su educación. La procedencia conceptual la confinamos, también, al alienista francés J.E.D. Esquirol, del cual retomaría la siguiente significación, incluida –hipotéticamente– en

9. Nació el 12 de noviembre de 1861 y murió en Cali en 1940. Entre 1892 y 1898 fue el reorganizador, rector y catedrático de filosofía de la Universidad del Cauca en Popayán. Desde 1912 y durante aproximadamente diez años trabajó en el Colegio Restrepo Mejía. En 1915 es admitido en la Academia Colombiana de la Lengua. Dirigió el Colegio de Boyacá, en Tunja. En 1916 fue nombrado dignatario del Centro Colombiano de la Unión Intelectual Latinoamericana. En 1917 es promotor e invitado especial del Primer Congreso Pedagógico Nacional. En 1920 ó 1930 fue llamado a la rectoría del Colegio Oficial de Santa Librada, en Cali. Fundó los periódicos *La niñez*, *Los principios* y *El consecuente*. Publicó, con su Hermano Luis *Elementos de pedagogía. Obra adoptada como texto para las escuelas normales de Colombia y recomendada para la enseñanza de la materia en el Ecuador (con aprobación eclesiástica)*, 1888, 1893, 1905, 1911, 1914; *Pedagogía de párvulos. Exposición de la enseñanza activa*, sin fecha precisa, 1930 ó 1935; *Labor didáctica*, 1909; *Pedagogía doméstica: autoeducación, dirección del hogar, educación de los hijos*, 1914, entre otros

El Nuevo Diccionario de Pedagogía y de Instrucción Primaria, de Ferdinand Édouard Buisson (1911)[10]:

> Idiotas: Desígnase con el nombre de *idiotismo,* aquel estado en que las facultades intelectuales y morales se encuentran paralizadas de tal manera que, en todo el curso de la vida, ó no se manifiestan en absoluto, ó alcanzan apenas un mínimo grado de desarrollo. Todo revela en el idiota un organismo imperfecto ó paralizado en su desarrollo, principalmente en cuanto al cerebro [...] (Restrepo Mejía, 1914, 79).

La definición de *idiota* está inscrita en la segunda sección sobre Ciencia de la Educación (Capítulo III, "Diversos estados del hombre, según las modificaciones del organismo", artículo III "Variedad de estados según la salud"); su ubicación es estratégica, pues en esta sección se comienza puntualizando que *el estudio que hemos hecho en la sección anterior [Naturaleza del hombre] nos da á conocer al hombre en abstracto; pero esto no basta para que el educador sepa dirigirlo; es preciso, además, que tenga en cuenta los diversos estados en que la naturaleza humana puede encontrarse* (Ibíd., 52).

---

10. Según el historiador Óscar Saldarriaga Vélez, conocedor y analista de la obra de Martín Restrepo, es posible que este último haya leído o tenido cercanía con mencionado *Diccionario,* el cual circulaba en la Escuela Normal de Boyacá. *El Diccionario* registraba las corrientes, conceptos, métodos y discusiones sobre la instrucción, la educación, la enseñanza... que imperaban en Francia, uno de los lugares de donde se retomará posteriormente el modelo de pedagogía de anormales para Colombia. En la actualidad se encuentra un ejemplar del *Diccionario* en la Biblioteca Central de la Universidad de Antioquia.

El *idiota* tiene una particularidad que se convertirá en su estigma indisoluble: el estancamiento y la parálisis en el *desarrollo*. Si deja de transitar a través de los diferentes *estados del hombre*,[11] puede asegurársele la proscripción de la educación y la escuela pública. Las prácticas de enseñanza encontrarán como terreno baldío sus comportamientos y conductas. Es un ser esencialmente vegetativo: paralizado en lo físico, lo moral y lo intelectual, quedando anquilosado en su "estado" vegetal. La educación no podrá hacer nada más allá de conocer que existen en algún lugar de la tierra: los hospicios, los asilos, las cárceles, las calles, las casas o los presidios, y que le es imposible educarlos. Y, más concretamente, designa conocer su cuerpo, especular sobre su inteligencia y cerebro. La mirada del maestro debía empezar a percibir que *"la fisonomía estúpida de los idiotas revela el triste estado de su inteligencia. Tienen generalmente la faz pálida y larga, la boca grande, los labios gruesos y caídos, los dientes cariados, la mirada perezosa y sin expresión. La columna vertebral está en ellos generalmente desviada y la conformación de los huesos es viciosa"* (ibíd., 80). Aparece una forma de ver que se une con un modo de decir del maestro de escuela.

En el *Manual* de los hermanos Restrepo Mejía también se introdujo la asignación de unas causas para el idiotismo desde la biomedicina, lo cual determinaba una

---

11. Estado vegetativo, estado sensitivo, estado de percepción intelectual, estado de uso de razón, estado próximo a la pubertad, pubertad o juventud, edad madura y vejez; Restrepo, 1914, 54-69.

causalidad o etiología marcadamente biológica y hereditaria:

> El idiotismo es congénito ó adquirido. En el primer caso, ó es hereditario y debido á ciertas condiciones fisiológicas de los padres, como enajenación mental, alcoholismo, golpes ó emociones fuertes de la madre durante el embarazo, ó á enfermedades sufridas por la criatura desde el seno materno. En el segundo caso, el idiotismo puede provenir de enfermedades agudas, afecciones del cerebro, penas graves, golpes en el cráneo, etc. (ibíd., 79).

No se planteaba explícitamente un interés o provecho para el *conocimiento de estas causas*, aspecto que cambia para la diferenciación de los tipos de idiotismo: a la clasificación de los idiotas se le impregnó de una especie de *marca pedagógica*. Según Restrepo Mejía, *"basta, pues, que estudiemos el estado que resulta de las enfermedades que, siendo crónicas u orgánicas, producen, además, una diferencia tal, respecto al estado de salud, que el educador deba tenerlas en cuenta"* (ibíd., 76).

La clasificación establecía niveles entre el idiota (estado vegetativo) y el hombre con todas las facultades (después del estado edad madura). El interés es clasificarlo para determinar las posibilidades educativas del idiota. *"Se distinguen tres clases de idiotas: 1°, los que están casi reducidos á la vida vegetativa; 2°, los que tienen, además, algún ejercicio de la vida sensitiva; y 3°, los imbéciles"* (ibíd., 79). El primero carece del más mínimo instinto de preservación, suele ser ciego, sordo y mudo, ni siquiera puede llegar a construir ideas básicas sobre sí o el otro: *"es un sér que vegeta, sin penas, sin placeres, sin amor y sin odios"*. El segundo siente sus instintos elementales (como el hambre, el dolor, entre otros), tendiendo hacia los malos, puesto que no tiene conciencia moral sobre los actos; puede poseer lenguaje articulado –pero este será ininteligible–: *"son perezosos, glotones, irascibles"*. Los terceros son el eslabón entre el *idiota* y el *hombre de inteligencia limitada*, pudiendo adquirir algunos conocimientos prácticos sobre la vida, pero siendo incapaces de aumentar sus fuerzas. Sólo el imbécil era el educable entre los idiotas.

El análisis de *Elementos de pedagogía* permite hacer visible la presencia de un discurso disperso y emergente sobre *educación de idiotas*, que coexistía con un discurso que los proscribía de la pedagogía. Con Enrique Cortés se hizo visible la proscripción del *idiota* de los terrenos de la educación y de la escuela. Con Martín Restrepo se visualiza una *sistematización superficial* de las reflexiones biomédicas y pedagógicas sobre el idiotismo (también sobre los sordomudos y los ciegos; *cfr.* 1914, 77-79), pero introduciendo una *paradoja*: la noción *idiota* provenía del discurso médico y psiquiátrico, la cual ponía en entredicho su posibilidad de ser sujeto de la enseñanza, de la educación o de la instrucción pública, debido a su falta de comunicación oral y "cultivo del cerebro", ubicándolo en los confines de los asilos y los hospicios (noción que será la base de la apreciación de Enrique Cortés y en parte de Restrepo Mejía). Desde otra dirección, se reconocía que a la pedagogía le corresponde indagar *"el estado en que las enfermedades colocan al individuo en re-*

lación á su educación, esto es, las modificaciones que intro-ducen en él, considerado en cuanto es educable" (ibíd., 75). Esta aseveración implica que todo enfermo podía ser pensado como sujeto de la enseñanza, replanteándose las tesis planteadas por Enrique Cortés. Se vislumbra, pues, una relación entre la pedagogía (de corte racional) y la biomedicina: se establecen sus líneas o límites de diferenciación, fortaleciéndose, sin embargo, la hegemonía del saber biomédico sobre el pedagógico. Es un forcejeo que comienza con una disputa: el establecimiento de la enfermedad o patología y la "educabilidad" del *idiota*.

En Restrepo la mirada del educador en relación con el idiota estaba totalmente delimitada, no existía duda alguna de lo que debía hacer, aunque en ninguna parte se dijera cuáles métodos y técnicas utilizar para cumplir con su cometido: *"[...] sólo debemos averiguar el* estado *que tiene el niño enfermo en cuanto á su educación, para deducir de allí, en las siguientes, el fin que deba proponerse el educador y las leyes que deba observar en cada caso especial"* (Restrepo, 1914, 76). En otras palabras, *deducir* las posibilidades de educación del idiota y *observar* sus leyes biológicas y espirituales (de las facultades del alma). La mirada del maestro continúa moldeándose según los dictados de la biomedicina. Es un moldeamiento sutil, puntual, sin mayores explicaciones o argumentaciones que las posibles interpretaciones de la palabra *observar*; observación que tendrá una importancia vital para la pedagogía activa (*cfr*. Sáenz, Saldarriaga y Ospina, 1997; Herrera, 1999; Pedraza, 1999) y la *pedagogía de anormales*.

Educación o pedagogía de anormales en Colombia: Tomás Cadavid Restrepo[12]

Por Ordenanza 8 de 1920, la Casa de Menores y Escuela de Trabajo San José,[13] en Bello, Antioquia, cambia el *modelo* de corrección punitiva centrado en el castigo -valga decir: en lo penal- por un *modelo* que tomaba como referente primordial las conceptualizaciones sobre educación de anormales de Europa y Estados Unidos. Este viraje quedó registrado en el informe que de la Casa de Menores se publicara en 1921, donde juega un importante papel Tomás Cadavid Restrepo. ¿Puede decirse en forma sintética que es un cambio *hacia una orientación más educativa que penal*? Indagable y decible; pero sería una síntesis imprecisa, puesto que la educación o pedagogía

---

12. Medellín, abril de 1892–mayo de 1952. Educador, historiador, filólogo, parlamentario, académico. Miembro de la Academia Antioqueña de Historia y de la Academia de la Lengua. Fue director de Educación de Antioquia. Diputado a la Asamblea y representante. Prosista original, castizo, ameno, preciso, elegante, profundo. Ejerce la cátedra bolivariana con su *Tríptico Bolivariano*, 1923; enseña pedagogía con su libro *Discolía de la pubertad*, 1924, donde hace un estudio científico y práctico de la delincuencia juvenil; esta obra le ganó el *honoris causa* de la Universidad de Antioquia. Otros de sus libros son: *Dos biografías*, 1923; *Antioquia por Colombia*, 1925; *Etimologías médicas y glosario de ciencias naturales*, 1939.

13. Fontidueño, Bello, Antioquia. Institución creada por Ordenanza número 5 de 1914 y reglamentada por las Ordenanzas números 55 de 1915 y 7 de 1916. Para ampliar, ver Marín Castaño, Juan Antonio (1992), *Reconstrucción histórica de la escuela de trabajo San José 1914-1991*. Medellín, Fundación Universitaria Luis Amigo.

D. TOMAS CADAVID RESTREPO
Director de la Casa de Menores y Escuela
de Trabajo, en la Colonia de Fontidueño

Fotografía tomada del *Sabado*, No. 22, 1921

de anormales estuvo articulada con la biomedicina (la higiene y el eugenesia), la psiquiatría, la antropología criminal (criminología italiana y europea), la psicología experimental, la pedagogía (tanto la racional como la activa de corte experimental) y la religión o "discurso eclesiástico" (moral católica y moral biológica).

El viraje es significativo dentro del régimen de enunciación que cobijaba la institución desde 1914 (el cual, según Cadavid Restrepo, era cercano a un "régimen militar"). Sin embargo, no lo entendemos como una transformación más humanista ni menos disciplinaria[14]. Se trata de la invención y la implementación intensa de las prácticas de normalización, agenciamiento y disciplinamiento de la *infancia anormal* en Colombia, a partir de la apropiación y el funcionamiento de una práctica discursiva (con unas instituciones, unos sujetos, unos conceptos, unas tecnologías) que permitiría, por un lado, disminuir el problema de la degeneración de la raza en los "menores" (problema materializado en el incremento de los índices de criminalidad juvenil, preocupación

---

14. Como intentaba hacer entender, por ejemplo, el secretario de Gobierno de Antioquia Jesús M. Marulanda, el cual, citando al sociólogo Sr. Posada, profesor de la Universidad de Oviedo, apunta que: "En mi concepto la pena es una forma de tutela social aplicable al delincuente [...] puede decirse que la administración de la pena, aun considerada como dirección de la Policía de Seguridad, por uno de sus propósitos, es en el fondo función de caridad jurídica, actividad de beneficencia, que tiene que producirse con más humanidad, con fe en la virtualidad del bien, tomando al delincuente, fuente de peligros sociales, como un desgraciado digno de la más exquisita atención moralizadora" (Cadavid y Velásquez, 1921, 6; destacado fuera del texto).

En la casa de Menores y Escuela de Trabajo San José (Bello, Antioquia) el 20 de Abril de 1922 con motivo de la segunda exposición de Artes y Oficios. De pie, de izquierda a derecha Zoilo Arango, Profesor, Gabriel Gaviria, Subdirector de la Casa, David Velásquez, Médico, José María Córdoba, profesor. Sentados, M.M. Toro, Gobernador de Antioquia, Julio E. Botero, exgobernador y Alejandro Múnera, Director de Instrucción Pública.

del Estado explicitada en la Ley 98 de 1920, sobre creación de Casas de Corrección y Reforma de Menores, pero que data desde la década de 1890) y, por otro lado, instruir y enseñar para la producción y el trabajo a una cantidad considerable de *delincuentes* y *anormales* que se perfilaban como "ciudadanos improductivos", improductividad que no podía pasar inadvertida en una república donde se tenía desconfianza en el individuo y el pueblo, y cuyo imperativo era el *progreso y lo moderno*.

La Casa de Menores desde su fundación (1920) se convierte en un espacio sistemático de apropiación del discurso sobre la educación de anormales: *"[...] será dirigida siempre por pedagogos aventajados, los cuales procurarán darle, en cuanto sea posible, una organización semejante a la de las Escuelas de Anormales de Europa y Estados Unidos de Norte América"* (Cadavid y Velásquez, 1921, 9). Esta posición era coherente con el entendimiento de la institución como un "taller de regeneración moral y material" (ibíd., 9). Dos elementos se destacan en este viraje: primero, apreciar cómo la noción *idiota* se inscribe en un conjunto de relaciones más puntuales y diversas y, segundo, develar cómo funcionaba la especificidad del discurso pedagógico sobre los niños anormales en Colombia.

Idiota y anormales: otras inscripciones

La noción de idiota que retoma Tomás Cadavid Restrepo procede de las teorías de los psicólogos franceses Alfred Binet y Theodoro Simon (1917). A pesar de la dificultad de precisar una definición de la palabra *idiota*, Cadavid es concreto y prefiere transcribir la suministrada por Binet y Simon, a saber:

> Es idiota todo niño que no llega a comunicar por la palabra con sus semejantes, es decir, que no puede expresar verbalmente su pensamiento ni comprender el pensamiento verbalmente expresado por otros, siendo así que ni trastorno auditivo ni trastorno de los órganos fonéticos justifican esta pseudo-afasia, debida por completo a deficiencia intelectual (Cadavid y Velásquez, 1921, 18).

El "niño idiota" es un "deficiente intelectual", y para poder definirlo adquiere vital relevancia el prescindir de una forma de comunicación oral con los demás, bien sea para la expresión o para la comprensión. Por la palabra serían identificados. Esta definición se ubica en el mismo terreno de lo planteado por J.E.D. Esquirol, la cual es compartida por Enrique Cortés y Martín Restrepo. El *idiota* al estar incomunicado queda excluido de cualquier proceso correctivo y pedagógico. Así pues, *"el idiota es anormal de hospicio [...]"* (ibíd., 19) y no un *anormal de escuela*. El *idiota* es registrado a través de la observación para poder clasificarlo y diferenciarlo de los otros anormales intelectuales, a saber: *los imbéciles y los niños débiles intelectuales* (y en rigor, de las demás anormalidades, tanto las físicas como las morales y sensoriales). Identificarlo para ubicarlo en su *espacio de pertenencia*. Es, pues, cobijado por el rótulo "anormal", pero el orden social lo ubica en otro lado, en un lugar de encierro dentro de los encierros. Idiota como anormal de no-escuela, de no-hospital, de no-correccional; ninguna de estas instituciones era su espacio de existencia, de control o de re-socialización. El hospicio, el asilo o la asistencia psiquiátrica eran los límites asignados a su cuerpo y su alma. No escapaba a la normalización y el disciplinamiento, pero de los *arriérés* (anormales) era el personaje que mejor se escabullía de las prácticas de enseñanza.

Don Tomás Cadavid asumía las siguientes definiciones sobre *anormal* (*arriéré*) de Binet y Simon, y de Blanco y Sánchez, noción que serviría como fundamento para la propuesta de *educación de anormales* implementada, principal, aunque no exclusivamente,[15] en la Casa de Menores y Escuela de Trabajo San José. Veamos:

> Definición médica: "El lenguaje médico aplica el término de *anormal* a todo individuo que se aparta declaradamente de la média lo bastante como para constituir anomalía patológica". Definición pedagógica: "Los niños anormales y atrasados son niños que no son admisibles en escuela ordinaria ni en hospital; parécenle a la escuela poco normales, no los halla el hospital bastante enfermos". No me parece esta última definición muy filosófica por no ser causal, y es por lo tanto poco didáctica; más

---

15. También existieron otras instituciones en Colombia que implementaron, fragmentariamente, este "modelo de educación de anormales", tales como: Casa de Menores y Escuela de Trabajo Piedecuesta (Bucaramanga, Norte de Santander), Casa de Corrección y Escuela de Trabajo de Paiba y Fadua (Cundinamarca), la Escuela Especial Rafael Uribe Uribe, las Escuelas Activas de El Bosque y Los Libertadores, Escuela Sanín Cano, el Instituto Médico Pedagógico, Escuela de Díscolos Tomás Cadavid Restrepo (Medellín, Antioquia), y en cierta medida, la Escuela de Ciegos y Sordomudos (Medellín), y la Escuela Jesús María de Monfort para ciegas y sordomudas (Bello), el Instituto Nacional de Ciegos y Sordomudos (Bogotá, Cundinamarca). Todas estas instituciones fueron fundadas entre las décadas de 1920 y 1940.

intensa y lógica encuentro la siguiente de D. Rufino Blanco y Sánchez: "Llámanse niños anormales los que tienen algún defecto en el cuerpo y en el alma" (Cadavid y Velásquez, 1921, 17).

Se puede apreciar cómo la biomedicina (mejor: el saber psiquiátrico) y la pedagogía comparten una noción que en sí misma –supuestamente– tendría un significado específico para cada saber: alejamiento sustancial de la norma, de lo regular, constituyendo *anomalía patológica*, y asociación con el *atraso*, el defecto, el aislamiento institucional. Sin embargo, ambas se focalizan en el cuerpo y en el alma, y se pueden entender desde un mismo punto de vista: son discursos que se fundamentan en la "anormalidad" como blanco primordial del poder, delimitando lo considerado históricamente como "normal", y posibilitando la invención y funcionamiento de técnicas, prácticas e instituciones de control, encierro, disciplinamiento y normalización de las "poblaciones".

En categorías de Foucault estaríamos hablando de una especie de *tecnología política del cuerpo "anormal"* que permite mostrar, desde otro saber o discurso, la existencia o funcionamiento de un biopoder y una biopolítica a partir del advenimiento de los procesos de *modernización* en Colombia.

Los límites conceptuales e institucionales del *idiota* son nuevamente modificados (confrontar con lo dicho en el apartado de Enrique Cortés y de Martín Restrepo), pero se aprecian continuidades. El *idiota* se inscribe en las clasificaciones de anormales, formando parte minúscula, punto o línea singular, trazo de un despliegue clasificatorio de anormalidades; pero el significado del término es similar, análogo, parejo: es un enunciado que permanece. Entre Cortés, Restrepo y Cadavid las diferencias son sutiles y mínimas al nivel de la definición para *idiota* o *idiotismo*. La semejanza es más profunda: en los tres el idiota es no educable, es incomunicado, se define por su falta de palabra o por el desarrollo estancado, la escuela no es su lugar institucional. A pesar de lo anterior, queda abierta la posibilidad de educación para el *imbécil*, quien es considerado en Restrepo como un grado del idiotismo y en Cadavid como una anormalidad intelectual en sí misma (*cfr.* Restrepo, 1914, 80; Cadavid y Velásquez, 1921, 19). Además, se amplía la asignación de causas del idiotismo (cuatro orígenes: orgánico, ideativo, emotivo y sexual). *"Como se ve, son múltiples las fuentes de degeneración, y muy perspicaz ha de ser el educador de anormales para saber en un caso concreto cuál es el origen de una anomalía determinada"* (Cadavid y Velásquez, 1921, 18). De esa manera, los maestros de anormales tenían entre sus funciones la obligación de identificar las múltiples causas de las anormalidades. Hablar con *conocimiento de causa* permitía justificar el tratamiento pedagógico desde el "legítimo" punto de vista otorgado por el método experimental procedente del médico francés Claude Bernard (Saldarriaga, 2003, 70-71), avalado desde el positivismo evolucionista de Darwin y Spencer (Álvarez–Uría y Varela, 1991, 204-208). Observación y experimentación para especificar las causas, para observar las aptitudes y la conducta, para establecer el *método de enseñanza especial.*

Pero una discontinuidad mayor hará presencia en las clasificaciones de anormales. Tomás Cadavid fue consciente de la proliferación e imprecisión de las diversas propuestas de la época. Así las cosas, nunca se apropió una manera única y universal para clasificar los *niños anormales* y, dentro de ellos, a los *idiotas* (lo cual también fue válido para las demás instituciones de educación de los anormales en Colombia). En la Casa de Menores se retomó la "división clásica" instaurada por el Dr. Ovidio Decroly, el cual consideraba que los anormales se dividían en sensoriales, motores, mentales y afectivos; así mismo, incluía a los idiotas dentro de los anormales mentales. Incluso se llegaron a establecer formas de clasificación *propias* para la institución. En un comunicado de Cadavid enviado a los *maestros de enseñanza teórica* de la Casa de Menores, se percibe otra clasificación: anormales físicos, intelectuales y morales (Cadavid y Velásquez, 1921, 14), donde los idiotas se clasifican dentro de las anormalidades intelectuales ocupando un lugar minoritario. Luego establece clasificaciones sobre retrasados pedagógicos y morbosos (los inestables, los indisciplinados, los atrasados, entre otras), anormalidades morales (los hiperesténicos, los hipoesténicos, los difíciles, y demás), estigmas físicos (las deformaciones craneanas, el mongolismo, la deformación de la oreja, entre otras), enfermedades infantiles (las poliurias, la enuresis nocturna, deformaciones en la cara, coto...). La importancia de las prácticas de clasificación queda efectivamente marcada cuando se afirma que *"[...] Si no se clasifica no podrá nunca haber verdaderamente orga-*

nización pedagógica" (ibíd., 24). En última instancia, el idiota tampoco será educado en la pedagogía de anormales. Representa la muestra fiel de un sujeto ubicado por fuera de los límites de un umbral de educabilidad (Saldarriaga, 2003, 120) tanto en la pedagogía racional como en la pedagogía experimental en Colombia, no siendo lo mismo para los demás niños anormales.

Régimen médico-pedagógico y enseñanza especial

El modelo de la Casa de Menores y la Escuela de Trabajo San José se sustentaría en un "régimen clínico-pedagógico" (Cadavid y Velásquez, 1921, 9) o "régimen especial para anormales" (ibíd., 10), desplazando el antiguo "régimen militar o penal" (ibíd., 12). La asunción de este *régimen especial* implicó la apropiación de un conjunto de *tecnologías médico –(psico)– pedagógicas*. A continuación se expondrán las principales tecnologías apropiadas y utilizadas para la educación de anormales en Colombia, las cuales se extenderían y aplicarían en otras instituciones similares a la Casa de Menores de Medellín (como las de Paiba, Cundinamarca y Piedecuesta, Santander).

1. Prácticas de observación

Fueron las primeras prácticas que funcionaron en la Casa de Menores. Para poner en marcha el *régimen médico-pedagógico* era necesario el conocimiento detallado de los menores recluidos o anormales. El conocimiento del anormal debía contemplar la evaluación, *grosso modo,* de lo físico, lo moral y lo intelectual (exigencia establecida también para las escuelas públicas: observaciones escolares implementadas por el "médico escolar" con ayuda del maestro). "Las constantes observaciones médicas y pedagógicas son auxiliar poderoso en la importante obra de clasificación y de reforma" (Cadavid y Velásquez, ibíd., 7).

El trabajo de observación fue realizado tanto por el pedagogo y el médico como por los maestros. Era un anhelo de Cadavid que los maestros de la Casa de Menores se dedicaran al estudio y a la observación de los infantes. *"[...] Lo lógico –decía– es estudiar antes al niño en su cuerpo y en su alma para luégo darle una orientación acorde con sus aptitudes"* (ibíd, 11). La observación no se pensaba sin la experimentación. Y en la *formación de educadores para anormales* esta cuestión adquiría particular relevancia, en la medida que debían experimentar y observar a sus estudiantes, conocer las últimas formas de observación y clasificación pedagógica, biomédica, "criminológica" y psicológica, y, al mismo tiempo, tenían que enterarse de los novedosos métodos activos de enseñanza para anormales.

Desde el inicio de la educación de anormales se le exigía al maestro augustas tareas: ser plural, dominar múltiples campos de saber, implementar técnicas que se le plantearon como propias, mirar desde lo biológico, lo intelectual y lo moral. El maestro de anormales emerge con funciones *modernas*. Binet y Simon dijeron:

> Ni pedagogía ni psicología teóricas darán al profesor de anormales el arte de educar a esos niños, si no agrega al sentido práctico del carácter de ellas, la costumbre de

> estudiar a cada uno en particular, la observación, que sabe adivinar hasta el alma, a través del velo de aptitudes y palabras, tras de las cuales se ocultan muchas veces esos escolares. La observación pedagógica y psicológica en una clase de anormales, debe ser práctica, metódica y precisa (ibíd., 12).

A los dos tipos de observaciones anotadas por Binet y Simon, se deberá agregar la *observación biomédica*: sobre los rasgos fisionómicos, el tamaño del cráneo, enfermedades comunes, etc. Tres modos de observar, cada uno entrecruzado con el otro. La hegemonía la tenía el saber biomédico y el criminológico, pero, sin la pedagogía y la psicología el proceso de observación de la *infancia anormal* quedaría fragmentado, desfasado, y no cumpliría con los objetivos modernos socialmente asignados.

2. *Fichas médico-pedagógicas o formularios de observación*

La observación se registraba en unas fichas, cédulas o formularios que llenaban los maestros (de enseñanza práctica y teórica), el médico escolar y general, y el pedagogo especialista de la casa. Las fichas no pertenecen exclusivamente a la educación de anormales y a las Casas de menores, pues como "técnica" o "instrumento" se implementaron también en cárceles, hospitales, asilos, presidios, casas de refugio, hospicios, laboratorios, etc. Con las *fichas* se inaugura una forma sistemática de vigilancia sobre los sujetos, un modo de gestionar su cuerpo y su mente para encauzarlos hacia la producción y el trabajo, hacia el control propio de los comportamientos incorrectos (aquellos que atentan contra la sociedad) o hacia el alejamiento de los espacios sociales con la intención de prevenir el contagio masivo de la degeneración (práctica enmarcada en una *estrategia de profilaxis social* anclada en un dispositivo de higienización, que se plasmó en las diferentes campañas contra el alcoholismo, el chichismo, la sífilis, a favor de la higiene, partiendo de las fábricas, los talleres, hasta llegar a las escuelas públicas con las cartillas y manuales de higiene escolar. (*cfr.* Calvo y Saade, 2002; Noguera, 2003).

La "ficha de registro" es uno de los instrumentos más efectivos diseñados en la modernidad para el agenciamiento, gobierno y producción de las subjetividades. Con el "formulario" se sistematizaba la infancia anormal en sí misma. Era necesario mirarla, conocerla y escribirla para controlar su "adecuada" orientación en los procesos de normalización.

El método de enseñanza especial fundamentaba su propuesta de atención de acuerdo a la *ficha médico-pedagógica para anormales.*[16] Las conductas, comportamientos, movimientos, palabras, daban indicios sobre el método que debería ser implementado en la casa de menores, en las clases especiales o en las escuelas para anormales. A continuación se transcribe uno de los órdenes sobre el cual se basaban las observaciones, las cuales se registra-

---

16. Todo lo cual nos debe poner a reflexionar sobre las distancias y cercanías que tiene con los métodos actuales de diagnóstico y evaluación de los niños, niñas y jóvenes en las escuelas especializadas o centros específicos, en las "escuelas integradoras" y en las escuelas con enfoque inclusivo.

ban en los mencionados formularios o fichas. Es menester apuntar que en dicha "observación" y en el "formulario" se cruzan conceptos de los saberes pedagógico, biomédico (eugenesia e higiene), psiquiátrico, criminológico, psicológico y eclesiástico.

> En cada observación se ha llevado un orden ascendente: nombre, edad, raza y procedencia del menor; antecedentes hereditarios directos y colaterales; los antecedentes personales se han dividido en fisiológicos, patológicos y pedagógicos; luego el temperamento, la inspección general, en la cual se hacen notar las principales anomalías físicas y cuantos detalles sirvan para el conocimiento del individuo; después el examen de los distintos aparatos; en seguida la exploración de las facultades psíquicas de orden inferior: atención, memoria sensitiva e intelectual, e imaginación; facultades superiores así: asociación de ideas, espíritu de comparación, de reflexión, poder de inducción y deducción, voluntad, etc. (Cadavid y Velásquez, 1921, 15).

El formulario o ficha es una técnica que delimita la manera en que el maestro miraba y organizaba los objetos del discurso pedagógico sobre anormales, además de ser una técnica de disciplinamiento y control de los sujetos. Estamos ubicados en las tecnologías de dominación para lo cual eran necesarias las tecnologías del sí mismo.

3. *Métodos de enseñanza especial o para anormales*

Los métodos de enseñanza para anormales se constituyen en un nudo problemático y productivo de saber. Las funciones de mirada del maestro se articularían con la especificidad del método. No obstante, los procesos y prácticas de enseñanza estuvieron supeditados a la "moralización" y la "medicalización" de los sujetos anormales. El *poder moral* proyectó sus fuerzas hasta estos terrenos del saber pedagógico.

> Cuanto a métodos de enseñanza, pénsumes, etc., -dice Tomás Cadavid Restrepo– hay que advertir que, como los atrasados son niños irregulares, no sería conducente que se fijara el límite de lo que deben aprender; en las Escuelas especiales lo que interesa primordialmente es la formación moral antes que la instrucción, y se debe dejar por lo tanto al maestro relativa libertad para que vea lo que sus alumnos pueden aprender y nó lo que él les deba enseñar (ibíd, 29).

Además de haber estado reducidas y subordinadas al *aprender* del sujeto anormal, a la medicalización y a la moral católica, las prácticas de enseñanza de la educación de anormales estuvieron dirigidas hacia la enseñanza especial de la percepción, de las sensaciones, de la inteligencia, la atención, la memoria, las nociones de tiempo, fuerza, espacio, los sentidos, la reflexión, la voluntad, la lectura, la aritmética... Estas enseñanzas estuvieron complementadas con las clases de educación física, la gimnasia sueca, la gimnasia eurítmica, el trabajo manual, las lecciones de cosas, los centros de interés, la enseñanza ideovisual y psicomusculoarticular, la enseñanza global, los juegos educativos, los talleres, los útiles, la maquinaria y las salidas de campo pedagógicamente reglamentadas. La estrategia de profilaxis, de normalización y de regeneración de la raza y la infancia hace presencia dentro de la pedagogía de anormales, porque *"[...] es de esperarse que la* enseñanza especial *dará magníficos frutos, pues el tratamiento médico-pedagógico curará en absoluto o mejorará en gran parte las anomalías que se presenten en nuestras escuelas"* (ibíd., 36).

Una suerte de esperanza estaba depositada sobre este discurso: articularse con los demás saberes modernos y aunar esfuerzos para alcanzar el tan anhelado *progreso de la nación*. Digámoslo una vez más y de otra manera: esta *pedagogía* fortaleció los procesos de dominación de los cuerpos y las mentes anormales, proyecto iniciado con anterioridad desde otros saberes durante el siglo XIX: la frenología, la psiquiatría, la craneometría, la biomedicina (Gutiérrez, 1997). La medicalización se acentúa en la pedagogía desde otro punto, sin lucha ni disputa, que permanecerá hasta los albores de nuestro presente en "educación especial". A pesar de la flexibilidad que se tenía para poner en funcionamiento las prácticas de enseñanza para anormales, existía una *regla o ley fija* que encerraba todo el método de enseñanza: *"[...] adaptar la educación a las condiciones especiales en que se halla el anormal"* (Cadavid y Velásquez, 1921, 34). Para llevar a cabo esta adaptación se requería contar con una observación y clasificación lo más detallada posible. Por tanto, la enseñanza especial quedaba anclada a estas prácticas.

Recapitulando, la observación, el formulario o ficha médico-pedagógica, y el conjunto de *métodos de enseñanza especial,* se convirtieron prontamente en los rasgos distintivos de la práctica pedagógica del maestro de anormales. La casa de menores adelantó un proceso de formación de estos maestros en el cual se abordaron temáticas de estudio que proporcionaron los insumos necesarios para poner en funcionamiento estas tecnologías. Tomás Cadavid apunta en el informe que los maestros se reunían semanalmente con el jefe del establecimiento para abordar

> ...puntos de Psicología escolar y de Pedagogía, procurando hacer las aplicaciones prácticas a los problemas de la Casa y seguir en las disertaciones un programa lógico y gradual. Se [estudiaron] con la mayor profundidad posible estos puntos: *Métodos, procedimientos y sistemas en general, educación de los sentidos o sensorial, temperamentos, castigos, intuición, anormales, su clasificación y educación, atrasados pedagógicos y morbosos, y herencia* (Cadavid y Velásquez, 1921,13).

En todo caso, la mirada del maestro de anormales adquiere matices singulares que lo distancian de los maestros de escuela pública y los normalistas: observar atentamente cada dato exigido por la ficha médico-pedagógica y registrarlo para después establecer los primeros tratamientos médico-pedagógicos. La función primordial del maestro de anormales quedará enunciada: "*[...] llevar luz a esas almas obscurecidas por la ignorancia y minadas quizás por una herencia de inmoralidad; hacer de niños desviados y de facultades degeneradas hombres aptos para la lucha [...]*". Pero más enfáticamente: "*El Maestro, mágico artista, ha menester con mayor razón que el divino Leonardo, tiempo, mucho tiempo, para pulir una y mil veces esa obra de belleza incomparable que se llama: tallar un alma*" (ibíd., 24). Sin duda, el maestro de anormales se constituyó en un tecnólogo de las almas y cuerpos anormales en Colombia.

Capítulo III
Dispositivo de higienización, estrategia de profilaxis, degeneración de la raza y escuela activa

Este capítulo pretende develar y nombrar la estrategia de profilaxis del discurso pedagógico sobre los anormales, el cual cobijaba a todos aquellos sujetos que se escapaban a la "norma" y debían ser normalizados y formados, preparados para la producción y el control. Esta estrategia se enmarca en la apropiación de los saberes modernos con sus conceptos y nociones biológicas, la problematización sobre la degeneración de la raza y la preocupación por la salud colectiva del Estado. Además, desde las fuentes documentales, la categoría de *estrategia de profilaxis social* permite entrever y establecer el enunciado de la *prevención* como parte activa del dispositivo de higienización (Noguera, 2003). También se plantearán las distintas condiciones de posibilidad que sostienen y engranan los procesos de apropiación e institucionalización de la pedagogía de anormales en Colombia.

Los procesos de modernización y la apropiación de los saberes modernos

Cuando se habla de "modernización" se hace referencia a acontecimientos que son reconocidos como procesos de renovación o florecimiento en una sociedad. Según el historiador colombiano Jorge Orlando Melo (1985, 31),

> se consideran como procesos de modernización los que conducen al establecimiento de una estructura económica con capacidad de acumulación constante […] un Estado con poder para intervenir en el manejo y orientación de la economía; a una estructura social relativamente móvil, con posibilidades de ascenso social, de iniciativa ocupacional y de desplazamientos geográficos para los individuos; a un sistema político participatorio y a un sistema cultural en el que las decisiones individuales estén orientadas por valores laicos. En general este proceso modernizador incluye el dominio creciente de una educación formal basada en la transmisión de tecnologías y conocimientos basados en la ciencia.

Estos cambios o transformaciones se realizan de manera general en el orden de lo político, lo cultural, lo social y lo económico, caracterizándose por tener un período de tiempo determinado y seguir un desarrollo lineal y coherente con otros acontecimientos de la época; pero de cada uno de ellos pueden derivarse otros elementos importantes para analizar y comprender la transición de un país a la "modernidad". Europa es uno de los representantes de la modernización y gran parte de sus procesos son ejemplo a seguir por países de otras latitudes. Colombia no ha sido la excepción, pues también tiene en sus antecedentes proyectos modernizadores una notable influencia del enfoque marcadamente eurocéntrico (cfr. Jaramillo Uribe, 1982).

Sin embargo, nuestra formación social no tiene un desarrollo lineal en dirección a la modernidad. Elementos como la economía, la industrialización, la escolarización y la urbanización, no surgen de forma secuencial y ordenada y tampoco permiten establecer si nuestra sociedad realizó el proceso de una sociedad moderna "europeizada". No obstante, se toman como referentes del proceso interno, pues es muy difícil establecer en qué momento, período o año específico Colombia se transformó en un Estado moderno.

Los elementos que configuran un proceso de modernización pueden ser ubicados en Colombia entre las últimas décadas del siglo XIX y las primeras del siglo XX. Por esta época distintos grupos dirigentes comienzan a promulgar una serie de proyectos políticos, que iban desde desarrollar una economía capitalista y expandir la educación, hasta el establecimiento de un régimen liberal. Estos proyectos fueron formulados con el objetivo de llevar al país por los caminos de la modernización. Los ideales de progreso y modernización son un punto común de los distintos grupos sociales que en dichas décadas se presentan como dominantes, dirigentes y gobernantes, pero también de las clases denominadas gobernadas, oprimidas o minoritarias.

Diferentes cambios permiten determinar si un Estado está desarrollando proyectos modenizadores, aquí se retoman algunos de los elementos que hacen parte de los procesos de modernización dados en diferentes espacios en el Estado colombiano, que sustentan los procedimientos seguidos por instituciones, sujetos, prácticas y discursos en relación con la modernización y el progreso; uno de los más importantes es la apropiación de los saberes modernos.

La apropiación de los saberes modernos y de la pedagogía activa

A finales del siglo XIX y comienzos del XX Colombia asiste a un acelerado proceso de construcción y consolidación como república. Es un hecho ampliamente mostrado que en estas décadas se apropian en el país distintos saberes modernos, planteándose como una condición para que la pedagogía de anormales tuviera un estatuto de cientificidad que legitimara sus prácticas, instituciones, técnicas y sujetos en el marco general de las transformaciones sociales, políticas, económicas y culturales tendientes a la consecución del progreso, la felicidad, la salvación y la modernización.

La introducción de los denominados "saberes modernos" en el ámbito intelectual colombiano, en principio desde las llamadas ciencias experimentales (aproximadamente entre 1914 y 1932) y luego desde los saberes sociales (aproximadamente entre 1933 y 1946), produjo grandes cambios en el sistema de educación. Estos saberes fueron tomados como base para la construcción del arsenal conceptual desde el cual se establecieron las nuevas políticas estatales para la realización del ideal político: *modernización y progreso.*[1]

Los saberes modernos estaban cargados de un respaldo científico. Lo moderno[2] era lo científicamente válido, pues se trataba de un conjunto de saberes socialmente organizados en disciplinas específicas, que tenían un método *definido* y un discurso argumentado. Saberes como la biología, la psicología racional y experimental, la medicina, la fisiología experimental, la psiquiatría, la criminología y la pedagogía activa se utilizaron para iniciar una gran carrera contra los males que aquejaban al pueblo, pues de un momento a otro se revelo a la vista de un selecto grupo la suciedad con la que siempre habían vivido.

---

1. Ver en Sáenz Obregón, Saldarriaga y Ospina (1997, Vol. 2, p. 4). Los autores hacen referencia al *"estudio de las transformaciones del saber y de la práctica pedagógica en Colombia desde comienzos de siglo hasta los años cincuenta [el cual] encuentra uno de sus ejes centrales en el análisis de una serie de apropiaciones selectivas y estratégicas de elementos de la pedagogía activa y de los saberes denominados* modernos, *es decir, la psicología científica, la medicina y la fisiología experimental, la psiquiatría, la administración científica, la sociología y la antropología"*. Apropiaciones que permiten establecer no solo la procedencia de los discursos de la época, sino que además permite establecer los cimientos sobre el discurso de la educación de anormales en Colombia, pues no se trata de conocimientos reglados apartados sino de la configuración de una red de relaciones entre ellos, estableciendo las condiciones necesarias para elaboraciones conceptuales que serán veladas, quizá erróneamente, por la utilización de dichos saberes.

2. El término moderno se utilizaba *"para legitimar como válidos, científicos y objetivos un conjunto de saberes y prácticas pedagógicas, psicológicas, paidológicas, higiénicas, biológicas, fisiológicas, médicas y eugenésicas"*. Sáenz, Saldarriaga y Ospina, op. cit., pp. 7-8.

Mugre, polvo, malos olores, basuras, detritus y demás inmundicias han formado parte del paisaje y de la vida urbana. La ciudad colonial albergó, además de la población humana, una multitud de representantes del reino animal que iban desde caballos, burros, vacas, cerdos, perros, gallinas, cabras, hasta aquellos menos visibles pero más abundantes como pulgas, piojos, cucarachas y aun otros más definitivamente invisibles e innombrables. Miles de bandos, pregones, decretos y demás medidas fueron expedidas para contener y evitar la proliferación de esta extensa fauna urbana y el consecuente desaseo de calles, plazas y viviendas; sin embargo, hacia finales del siglo XIX, pareciera que el paisaje urbano, con todos sus habitantes y desechos, se hubiese convertido en algo insoportable, particularmente para un sector de la elite en la que se cuentan varios médicos e higienistas (Noguera, 2003, 47).

Estos médicos, políticos, filántropos e higienistas son un primer producto del funcionamiento de los saberes. Cada intelectual desde su especialidad se encargó de hacer visible esta "nueva" realidad ante los ojos modernos de la elite, los intelectuales, luego ante los niños, hombres y mujeres, la familia, el pueblo, la sociedad en su conjunto. Situación que siempre había existido pero se presentaba como una molestia para sus moradores. Con los conocimientos necesarios a la mano, dados por la biología y, posteriormente, por la biomedicina en sus diferentes subdivisiones, desarrolla una estrategia de cuidados del individuo, de la población y del país en general. Cada uno de estos saberes marca el camino hacia un problema denominado desde el saber científico como "biológico" que se decanta en "problema social". Establecimiento de causas, conocimiento de los males, control y prevención, utilización de nuevos métodos, determinación de la capacidad para el progreso, son algunas de las prácticas y nociones puestas en funcionamiento por parte de los saberes a través de los intelectuales. En palabras de Javier Sáenz, Óscar Saldarriaga y Armando Ospina (1997, Vol. 2, p. 8), los saberes modernos estuvieron atravesados

> [...] por las nociones del pragmatismo norteamericano -utilidad y la aplicabilidad para la vida material y social del hombre-, constituye también una ruptura con el pasado o, mejor dicho, con la imagen que se construyó de éste. Los saberes clásicos, basados en el discurso filosófico, no tenían para los nuevos intelectuales ninguna utilidad para la vida real y cotidiana de los seres humanos, que ahora se consideraban organismos biológicos en lucha con el medio e inmersos en la actividad adaptativa, motor de su evolución, del bienestar común y del progreso económico.

Estos nuevos conocimientos y prácticas inauguran el sendero que configura la puesta en funcionamiento de una estrategia de "profilaxis social" poco resaltada en la historia de la medicalización de nuestra sociedad[3]. Es-

---

3. Alrededor de esta temática o problemática, encontramos que en Colombia existen historias de la institucionalización de la medicina (p. e.: Miranda Canal, Quevedo y Hernández, 1993; Duque, 1993; Montagut, 1997; Gutiérrez, 1998; López Betancur, 1998; Restrepo de Quintero, 1998; Estrada, 2004), de la medicalización de la sociedad (p. e.: Márquez, 1995; Lopera, 2002; Obregón, 2002; Calvo y Saade, 2002; Noguera, 2003) y de la "medicalización" de la pedagogía (p. e.: Sáenz, Saldarriaga y Ospina, 1997; Pedraza, 1999; Herrera, 1999). Estas formas de historiar explican diferentes aspectos políticos, culturales, nosológicos, discursivos, etc. en los procesos de medicalización y de historia de la medicina, constituyéndose en una plataforma de análisis obligatoria para entender la apropiación e institucionalización de la pedagogía de anormales, en tanto que el saber biomédico ha tenido y sigue teniendo una fuerte ingerencia conceptual y aplicada en el discurso pedagógico sobre anormales y en la educación especial.

trategia que se presenta como paralela a la aparición del "aparato de medicalización colectiva": *el hospital en tanto máquina para curar*. Este lugar no es solo el espacio para morir de los vagos, pobres y enfermos, sino también el lugar de curación y de estudio, experimentación y aprendizaje de las enfermedades.[4] Es un espacio que permite tener el control y la regulación de la salud y la enfermedad, garantizando con ello la conservación de la población. La profilaxis social se inscribe en un conjunto de relaciones que hacen referencia al establecimiento de discursos políticos, expresión de posiciones sociales y pautas para defensa, conservación y vigilancia de condiciones tanto internas como externas de la sociedad observada como organismo, se le dota a esta de condiciones orgánicas (estado de descomposición), se vigila al individuo y su condición de enfermo y el mismo movimiento de inspección se realiza del individuo hacia la sociedad.

El concepto *medicalización* tiene varias acepciones. Primero: "*[...] el hecho de que la existencia, la conducta, el comportamiento, el cuerpo humano, se incorporaran a partir del siglo XVIII en una red de medicalización cada vez más densa y amplia, que cuanto más funciona menos se escapa a la medicina*" (Foucault, 1978, 37). Segundo: "*[...] se refiere a un proceso por medio del cual un número creciente de aspectos de la vida social o del comportamiento humano, considerados como normales o anormales, según el caso, son asignados al*

---

4. Cfr. Márquez, Jorge, "Pasterianismo y medicalización urbana: el caso de Medellín", en: *Revista de Extensión cultural de la Universidad Nacional de Colombia*, No. 34-35, Medellín, 1995, 105-122.

control médico y redefinido como salud o enfermedad. Al mismo tiempo, la medicalización alude a la tendencia a delegar en los médicos asuntos que previamente se encontraban en manos de la comunidad." (Obregón Torres, 2002, 204).

Tercero, incluso se puede hablar de una medicalización indefinida. El saber biomédico se descentra de su ámbito propio: la demanda del enfermo (sus sufrimientos, sus síntomas) y las enfermedades. Durante el siglo XVIII cuatro procesos dan cuenta de este descentramiento: a) aparición de una autoridad médica con poder de decisión e intervención sobre la ciudad; b) aparición de nuevos objetos que estaban fuera de su campo de intervención (los desagües, el aire, el agua, los olores, la tierra, el clima, los edificios, los reglamentos de instituciones); c) incorporación del hospital como institución de medicalización y no de asistencia; d) introducción de mecanismos administrativos, de registro y de inventarios médicos.

En el siglo XIX el campo exterior de la biomedicina se reduce enormemente, pero todavía existían objetos sin medicalizar, como la moral y la higiene del cuerpo o la sexualidad. A partir del siglo XX este campo desaparece por completo, pues cualquier objeto, institución, técnica o discurso se encuentra sumergido en una especie de red *infinita* de medicalización. *"No se logra salir de la medicalización, y todos los esfuerzos en este sentido se remiten a un saber médico [...] Se podría afirmar en relación con la sociedad moderna que vivimos en 'Estados médicos abiertos' en los que la dimensión de la medicalización ya no tiene límite".* (Foucault, 1990, 111-112).

La *profilaxis* se hace más evidente al tener bajo su cargo la organización y administración de una serie de prácticas y técnicas necesarias en la tarea de prevenir y proteger la población: preocupación por la salud, prevención de las enfermedades, limpieza del cuerpo, distribución de vacunas, inoculación, paliativos, establecimiento de cuarentenas, entre otras, las cuales se constituyen en parte de las tácticas utilizadas para la ejecución de un plan abierto y plural que tiene como una de sus funciones el mejoramiento de la salud colectiva, sin dejar de lado la salud privada. Se establece así, la "salud pública" como prioridad y, a su lado, el concepto "higiene" como asunto central.

La higiene hace su aparición como discurso institucional desde la fundación de la Facultad de Medicina de la Universidad Nacional de Colombia[5] y, en tanto es un elemento del campo de la biomedicina, fue considerada como una de sus subdivisiones, llamada medicina social –o en términos de Foucault (1990), medicina del Estado–, cuyo objetivo es la *prevención* de enfermedades a través de la higiene pública.

Tener como prioridad la salud pública y hacer uso de la higiene para realizar una serie de transformaciones

---

5. Sotomayor, Hugo, "Los primeros años de la cátedra de Higiene en la Facultad de Medicina de la Universidad Nacional de Colombia", en: Restrepo Zea, Estela (Comp.). *Escuelas de Medicina, La Universidad Nacional de Colombia en el siglo XIX. Documentos para su historia*, Facultad de Ciencias Humanas, Colección CES, Bogotá, 2004, 43-56.

permite que se instalen en el panorama no sólo discursos, también al sujeto que materializa esa práctica discursiva: "el médico". Ahora este no solo tiene la función de estudiar, aprender y experimentar con la "enfermedad". A estos *oficios* se asocia otro más: el médico tiene que educar en materia de prácticas higiénicas a la sociedad.[6]

Con el establecimiento de los discursos sobre la higiene la *prevención* se convierte en una realidad, los cuidados del individuo y de la sociedad en su prioridad, evitando los lugares de esparcimiento de los males o los llamados "focos de infección"[7], castigan con severidad aquellos que impidan las labores de cuidado. Se introduce el poder de control, prevención, limpieza y vigilancia en el cuerpo social, se despliega en todo su esplendor la *profilaxis social*.

Con la apropiación de los saberes "modernos", en particular aquellos denominados experimentales —biología, fisiología, medicina, psicología, psiquiatría, administración científica— se obtienen las bases para emprender el camino hacia los ideales de progreso, felicidad colectiva y establecimiento de una mejor raza. Así como había ideal claro de desarrollo económico y cultural, era necesario contar con una raza fuerte y sana, y por

---

6. Véanse los trabajos de Carlos Noguera (2003), Javier Sáenz *et al.*, (1997), Jorge Márquez (1995), Georges Vigarello (1991).

7. Calvo Óscar y Saade, Marta, *La ciudad en cuarentena*: *chicha, patología social y profilaxis*, Ministerio de Cultura, Departamento de Cundinamarca, 2002, pp. 205.

ello había que dirigir los esfuerzos hacia la defensa y fortalecimiento de la raza y particularmente desde *la infancia*. La biología aplicada a este fin[8] se constituye en piedra angular de todos los intentos eugenésicos. Desde luego, la formación del hombre se instala en las propuestas de su defensa, cuidado, vigilancia y conservación, sin tener otro horizonte que su fortalecimiento, lo cual trae consigo un sinnúmero de proyectos alrededor de su proceso formativo, donde los grandes protagonistas se encuentran en la filiación entre *educación* e *higiene*.

El proceso de modernización demandaba el cuidado de aspectos tales como las condiciones de vida, la indumentaria, los espacios habitados, los grupos de personas a quien se frecuenta, el aseo del cuerpo, en fin, varios atributos de la vida cotidiana que llamaron la atención de los reformadores. El cuidado y especial interés en lo que se ve, hace más perceptibles los espacios, prácticas y discursos que eran objeto de administración de la higiene, pues se establece sobre ellos el ejercicio del poder y del saber biomédico como única fuente de reconocida y probada verdad (científica-experimental), poder-saber que no solo ejerce control sino que obliga a

---

8. Expresada en su gran mayoría por los discursos y teorías eugenésicos elaborados y puestos en marcha en la época, los cuales tenía por objetivo la aplicación de las leyes biológicas de la herencia al perfeccionamiento de la especie humana. Estos discursos alentaron muchas de las propuestas de regeneración de la raza en las décadas de 1920 y 1930, como alternativas para el fortalecimiento físico, moral e intelectual de la población, ante las grandes cantidades de enfermedades y aspectos degenerados que se observaban principalmente en la población más pobre del país.

localizarlos en un lugar específico de la red de medicalización de la sociedad colombiana.

Los conceptos estrategia y profilaxis: su definición

Hasta el momento se han mencionado las palabras "estrategia" y "profilaxis", pero aún no han sido dotadas de un significado que, para efectos de su comprensión, necesitan ser explicadas.

El concepto *estrategia* tiene varias acepciones. Según el *Diccionario de la Real Academia Española de la Lengua* (2003, 522), *"es el arte de emplear todos los elementos del poder de una nación o de varias naciones para lograr los objetivos de esta o bien de una alianza de países en tiempos de paz o de guerra. Dícese también del arte del mando militar durante el combate"*. La estrategia implica entonces la utilización y profunda integración de los poderes económico, político, cultural, social, moral, espiritual y psicológico, estableciéndose una vez determinados, los objetivos a alcanzar. Una vez que los objetivos han sido fijados, todos los problemas con los que se enfrenta la nación deben ser analizados con profundidad, tras lo cual se realizarán evaluaciones precisas del carácter, magnitud y posibilidades de los distintos elementos de los que dispone el poder nacional. Es entonces cuando se estiman las posibles líneas de acción, que utilizan los elementos del poder nacional en distintas combinaciones, para desarrollar la mejor estrategia posible, tomando en consideración la oposición que puede encontrarse a medida que vaya desarrollándose la estrategia.

También se refiere a *"[...] teorías o temas generados de un saber específico, a partir de ciertos grupos de objetos, de ciertas organizaciones conceptuales y de ciertos tipos de enunciación [...]"* (Foucault citado por Zuluaga, 1987, 48). Por otro lado, Zuluaga (1999, 141) define estrategia:

> En sentido amplio, deben entenderse, en este orden de ideas, las determinaciones de poder y saber que actúan en un campo complejo y heterogéneo de fuerzas diseminadas en las prácticas sociales (incluyendo entre estas las prácticas discursivas); tales determinaciones requieren para su despliegue de una red de instituciones, sujetos y discursos (saberes), atravesados por sus fines o delimitados para sus fines, para inducir mecanismos estables de dominación en el conjunto de las fuerzas.

Una tercera definición señala: *"La estrategia se dibuja a partir de las tácticas como un movimiento, como una dirección que toma una determinada relación de fuerzas y que es anónima. No debería pensarse en la estrategia como el plan trazado por un comando en jefe, esta visión redunda en lo que se ha dado en llamar 'visión conspirativa de la Historia'. No es que no haya comandos en jefe, gerencia, metas estratégicas y otras formas de intentar conducir procesos sociales. Lo que ocurre es que cualquier trazado estratégico de objetivos, sufre modificaciones constantes a partir de su implementación práctica"* (Murillo, 1997, 76).

El concepto herramienta *estrategia* es desarrollado por Michel Foucault y puesto a funcionar como parte constitutiva del dispositivo[9], estableciendo las distintas relaciones de poder que le son inherentes, es por ello que obedece a

> [...] unas disposiciones, a unas maniobras, a unas tácticas, a unas técnicas, a unos funcionamientos; que se descifre en él una red de relaciones siempre tensas, siempre en actividad más que un privilegio que se podría detentar; que se le dé como modelo la batalla perpetua más que el contrato que opera una cesión o la conquista que se apodera de un territorio. [...] Este poder se ejerce más que se posee, que no es el "privilegio" adquirido o conservado de la clase dominante, sino el efecto de conjunto de sus posiciones estratégicas, efecto que manifiesta y a veces acompaña la posición de aquellos que son dominados. (Foucault, 2001, 33)

Si nos detenemos en cada definición del concepto "estrategia", vemos que existen elementos comunes, palabras como *poder, objetivos, poder económico, político, cultural, social, moral, tácticas, objetos, discursos, relaciones de fuerza, sujetos, instituciones*; aparecen constantes y expresándose como partes de la estrategia, como elementos que la constituyen, como objetos a los que la estrategia se dirige, que dependen de su existencia para que la estrategia exista, la existencia de cada uno de ellos está supeditada a la existencia de la estrategia.

---

9. Siguiendo a René Shérer (2005, 252): *"El dispositivo es lo que organiza, distribuye, distingue o reúne elementos, lo que vuelve inteligible un conjunto confuso, para el pensamiento, orientaciones de investigación. Comprender un período de la Historia, y antes de todo, delimitarlo, recortarla, es ver de qué manera, en ella, las cosas y los seres se disponen, se ponen 'a disposición'; y por ello mismo, de qué medios de ver y decir disponen en ella los individuos."*

Con estos acercamientos a lo que significa el concepto *estrategia*, se puede establecer una relación íntima con el poder y este a su vez establece otras articulaciones que se plantean como relaciones de fuerza (entre sujetos, discursos, instituciones); estas relaciones son *"actos y voluntades intangibles, espectrales que circulan y se exteriorizan en el individuo y la sociedad"* (Ceballos, 2000, 11). La estrategia se piensa en términos de un objetivo a alcanzar, y es muy clara la definición al explicar que no hay estrategia si antes no se tiene previsto un objetivo a alcanzar. Foucault dice que el poder es *"[...] una vasta tecnología que atraviesa el conjunto de relaciones sociales; una maquinaria que produce efectos de dominación a partir de un cierto tipo peculiar de estrategias y tácticas específicas"* (Foucault, 2001, 144). De acuerdo a esta definición, siempre que existe una *estrategia* en ella funcionará un *poder* en forma de *tecnología* que puede ser exteriorizada en gestos, prácticas, efectos; sin embargo, aunque el poder esté allí no está en manos de alguien que lo ejecute, ya sea un individuo o una institución.

Por otra parte, el concepto "profilaxis" significa *"prevenir, prevención"*. Son varias las acepciones a las que puede hacer referencia este término dentro de las ciencias médicas. *"[...] (Del griego* prophylaxis, *de* prophylassein, *preservar). Estudio de las condiciones y de las precauciones propias para evitar enfermedades"*. (Dabout, 1947). También se conoce como "[...] **Medicina profiláctica** *o medicina preventiva. Está conformada por todas aquellas acciones de salud que tienen como objetivo prevenir la aparición de una enfermedad o estado 'anormal' en el* *organismo."* Una tercera acepción hace referencia al término como "[...] **Profilaxis antimicrobiana.** *Se refiere al uso de "antimicrobianos", es decir, medicamentos que producen la muerte o disminución del crecimiento de las bacterias, antes de que aparezca una infección causada por dichas bacterias."* (Diccionari Enciclopèdic de Medicina, 2000, 739).

Según la época y los conocimientos que ella tenga, el concepto *profilaxis* tiene por objetivo "impedir la propagación de la enfermedad", tal objetivo/función tiene su base en el *"interés en la salud pública y [...] el porvenir del Estado"* (Restrepo, 1889, 8-10), evitando por todos los medios posibles la transmisión de enfermedades, inicialmente aquellas que provienen de la herencia y, luego, aquellas producidas por factores externos.

Pareciera, por todo lo anterior, que el concepto "profilaxis" se encuentra cargado de un gran contenido médico-social, que lo hace parte de un arsenal tecnológico-teórico-práctico para el ejercicio directo sobre la población. Nociones como *prevenir, evitar, salud, precaución, enfermedad, transmisión, salud pública, propagación, herencia,* son empleadas para nombrar una necesidad de cuidado y control sobre algunas circunstancias que pueden ser nocivas para la salud individual o colectiva. De aquí se deduce que, si bien el concepto profilaxis hace referencia a *lo biológico,* también se puede encontrar en el orden de lo moral, cultural, social e ideológico.

Estrategia de profilaxis social: el poder como gobierno y control

Para dar una definición de lo que significa la *estrategia de profilaxis* hay que tener en cuenta cuáles son los elementos que intervienen en ella y aquellos de los que toma distancia. Ya en el apartado anterior se hizo referencia al significado de los conceptos *estrategia* y *profilaxis*.

Como su nombre lo indica o sugiere, la estrategia de profilaxis tiene por objeto/objetivo central prevenir las enfermedades orgánicas, sociales e intelectuales; pero este objeto no puede aparecer en escena si no se encuentra unido a otro como es la *salud*. Ciertamente, no se piensa aquí en la enfermedad y la salud solo como experiencia individual, puesto que se han convertido en experiencias colectivas, en tanto no se trata de prácticas de curación –que se dan a nivel del paciente y el médico– sino de una ampliación del enfoque hacia la *prevención* de la enfermedad en toda la población. Este cambio amplía el espacio de acción para un sujeto en especial –el médico– quien se establece como el segundo elemento de la estrategia, e incorpora la figura del médico como autoridad que dirige y ejecuta las prácticas, técnicas y tácticas que conforman la estrategia.

Otro elemento que permitirá comprender la *estrategia de profilaxis* son los sujetos a quienes se dirige, siendo ellos un grupo confuso de sujetos llamados *anormales*. Este gran grupo no se remite solamente a personas afectadas por problemas físicos o psíquicos, sino también las víctimas de una economía precaria —vagos, delincuentes, niños abandonados—. Tal elemento es incorporado a la estrategia a través del dispositivo de higienización.

La *estrategia de profilaxis* no es un mapa de ruta, un plan estático y rígido para llegar a una meta, ni debe pensarse en la estrategia como el plan trazado por un comando en jefe (Murillo, 1997, 76) para llegar a sus fines. Las estrategias son móviles y sufren modificaciones constantes cuando son puestas en práctica, están sujetas a múltiples variaciones que dependen de hacia dónde se establezca su dirección.

Con estos elementos podemos inicialmente definir la *estrategia de profilaxis* como un mecanismo y un espacio amplio donde confluyen las relaciones de fuerza, relaciones de poder y de saber ealrededor de la *prevención, protección, vigilancia y control de las enfermedades y los estados anormales*, que desde el saber biomédico tienen la autoridad para designar en el ámbito político, social, económico y cultural un conjunto de prácticas, técnicas, relaciones y funciones dirigidas a establecer a gran escala el control (poder) sobre todos los escenarios y participantes de la sociedad.

El control social que se ejerce a través de la estrategia de profilaxis crea dentro de la sociedad "*[...] una compleja red de relaciones sociales en donde las instituciones se dedican a modelar las conductas de los hijos, los educandos, los presos, los enfermos, los trabajadores, etc.; se trata de que el Gobierno impere en toda la sociedad, determinando con ello cualquier posibilidad de actuación de los individuos."* (Ceballos, 2000, 43). A este control social se añade un elemento que hace parte de otras formas del ejercicio del poder, llamado por Foucault biopoder y biopolítica, que se enmarca en las formas del poder como tecnología, es decir, "*[...] como máquina que produce efectos de dominación de los cuerpos y las almas*" (Ceballos, 2000, 35).

Estas bases expresan en la *estrategia de profilaxis* un mecanismo de control, exclusión, normalización y producción de las conductas individuales, donde entran en juego instrumentos como la clasificación, aparatos de la vigilancia, la medicalización, el proceso de educación. En estas formas la estrategia "*alcanza y penetra los cuerpos y las almas de los individuos, insertándose y determinando sus gestos y actitudes, su discurso y su vida cotidiana*" (Ceballos, 2000, 46). La *estrategia de profilaxis* se presenta como un medio para que se expresen los diferentes poderes que en la sociedad convergen. Es por ello que la estrategia se instala en el cuerpo —social e individual (orgánico)— como su campo de ejercicio y dispone sobre él lo que Foucault ha denominado biopoder.

> El biopoder se centra sobre el cuerpo, ya no como medio de reproducción humana, sino como objeto a ser manipulado. Una nueva ciencia, o más exactamente una tecnología del cuerpo como objeto de poder, se forma gradualmente en localizaciones dispares y periféricas. Poder disciplinario [...] la meta básica del poder disciplinario [...] producir un ser humano que pudiese ser

> tratado como un "cuerpo dócil". Este "cuerpo dócil"
> tenía que ser un cuerpo productivo (Dreyfus y Rabinow,
> 2001, 164)

Para obtener este cuerpo dócil, útil y productivo y para que este tipo de disciplina tenga su desarrollo y perfeccionamiento existen los regímenes institucionales como el taller, las prisiones, los hospitales, los manicomios, las escuelas. Cada sitio tiene como objetivo el aumento de la docilidad y la utilidad de las personas y la población en general. La población sobre la cual se aplica más este poder disciplinario son las clases obreras, los proletarios y los excluidos, quienes históricamente a través de estas políticas han sido sujetados, utilizados, transformados, moldeados y mejorados. Esta forma de gobierno y control de la sociedad (biopolítica) no opera únicamente por la conciencia o por la ideología, se inserta y ejerce su poder directamente sobre el cuerpo y con el cuerpo. Pensada para una sociedad capitalista que centra su atención en lo biológico, y en lo corporal antes que todo. El cuerpo es una realidad biopolítica, la medicina es una estrategia biopolítica (Foucault, 1977, 38).[10]

¿Cómo se vuelve la prevención y el control —bases de la estrategia de profilaxis— una necesidad para la sociedad colombiana a finales del siglo XIX y comienzos del XX? ¿Qué razones históricas han construido la estrategia de profilaxis? ¿Cómo puso en marcha una estrategia centrada en la prevención y control?

---

10. Foucault, Michel, "Historia de la medicalización", en *Educación Médica y Salud*, vol.11, No. 1, O.P.S., 1977, p. 38.

Foucault nos recuerda que históricamente se han construido conceptos en relación con ciertas técnicas y dispositivos como la familia, la escuela, la fábrica, el hospital, la cárcel y el manicomio, entre otros. De estos dispositivos se extraen conceptos que toman funciones de demarcación social, pues permiten establecer líneas divisorias dentro de las relaciones sociales, este es el caso de los "anormales". No es difícil ver cómo se unen en la estrategia de profilaxis los elementos que la conforman: *prevención, curación, poder, biopoder, producción, vigilancia, control y disciplina*. Para lograr este fin, *"para administrar, conservar y hacer crecer el cuerpo social en forma eficiente y disciplinada se requiere de la ley, de la vigilancia, de la prohibición y de la represión [...]"* (Ceballos, 2000, 59) como prácticas constantes en el proceso de medicalización de la sociedad colombiana de finales del siglo XIX y primeras décadas del XX.

El curso de la estrategia: la prevención y el control

El siglo XIX ha sido una de las épocas más interesantes para la comprensión del desarrollo cultural colombiano por todas las transformaciones que han quedado registradas en el "cuerpo social" como huellas de los procesos de industrialización, desarrollo económico, científico, cultural, educativo y social. De igual modo, en las primeras décadas del siglo XX aparecen huellas que se pueden apreciar en un sinnúmero de saberes que fueron incorporados en todos los espacios sociales.

Concentramos nuestro interés en aquellos saberes que se dedicaron al estudio del hombre colombiano y sus relaciones con otros y con el entorno.

Entre 1900 y 1930 la intelectualidad colombiana de la época desarrolló diversos trabajos orientados al estudio del hombre, su medio y su relación con la sociedad. Estos estudios fueron realizados desde disciplinas y saberes como la medicina, la higiene, la psicología experimental, la estadística, la criminología, la pedagogía, entre otros; dichos trabajos e investigaciones en las que se apoyó el Estado para establecer la *condición real* en la que se encontraba la raza colombiana, cuáles eran los estados de salud o enfermedad, su condición moral y sus capacidades físicas, sentaron y dieron las bases para adelantar un conjunto de reformas inscritas en el dispositivo de higienización.

El dispositivo de higienización es pensado como una nueva rama de la biomedicina y como una vía para responder no solo a los problemas de salud, sino como una técnica de control de la población.

La idea de pensar el problema de la higiene a comienzos de siglo como un "dispositivo" sugiere que las medidas higiénicas implementadas por la época constituyeron una red de discursos y prácticas que se fueron tejiendo sobre la población, principalmente la más pobre, y en particular la niñez, con el propósito, antes que del mejoramiento de las condiciones de vida, de su control y gobierno. Dicho en otras palabras, pensar la higiene como dispositivo implica reconocerle un papel más allá (o más acá) de la obvia necesidad que tendría toda sociedad de preservar y promover la salud de la población. Implica, entonces, dos presupuestos generales: en primer lugar, el reconocimiento de la aparición de la preocupación por el cuerpo y la salud de la población como un problema propio del siglo XX en nuestro país; en segundo lugar, el análisis de tal preocupación como un problema propiamente político, es decir, como un para el control y gobierno de la población (Noguera, 2003, 123).

Una de las principales preocupaciones de los reformadores en los siglos XIX y XX fue la de las condiciones de salud de los moradores de varias regiones importantes para la economía del país.[11] En este proceso los médicos se presentaron como los poseedores de una poderosa alternativa para la ciudad, su espacio y su población. *"Una medicina social, urbana, capturó y produjo un sólido discurso que parcialmente se legitimó por su carácter científico, moralizador y redentor"* (Calvo y Saade, 2002). Aparece así la preocupación por la salud pública, por las condiciones sanitarias en las que crece el futuro de la nación: la in-

---

11. Trabajos como los de Estela Restrepo (2004), Carlos Noguera (2003), Humberto Quiceno (2003), Óscar Calvo y Marta Saade (2002), Javier Sáenz *et al.* (1997), Sandra Pedraza (1999) y Jorge Márquez (1995), entre otros, hacen referencia a los centros urbanos que se convierten en referencia exigida cuando se habla de procesos de industrialización y desarrollo económico en Colombia, así como procesos de medicalización e higienización y, para este caso, podríamos adicionar lo relacionado con la estrategia de profilaxis.

fancia y la juventud. Este fenómeno se había iniciado en Occidente desde el siglo XVIII con la aparición de las "[...] *primeras instituciones públicas permanentes que tienen por vocación interesarse por la salud de la población: primero en Alemania, donde se forjan los conceptos de 'policía médica' y de 'medicina social'; luego en Francia, con la creación en 1777 de un cuerpo médico encargado de la vigilancia de epidemias, la Sociedad Real de Medicina [...]*" (Pinell, 1996, 1). Esta preocupación por la población estaba obligadamente relacionada con la modernización del Estado y su capacidad de intervención como condición para su fortalecimiento.

En el dispositivo de higienización y, especialmente, en la materialización de la estrategia de profilaxis, una de las principales disciplinas y técnicas utilizadas para establecer las características poblacionales fue la "estadística". A través de sus métodos se establecieron estadísticas de nacimiento, mortalidad, número de personas por familia, modos de alimentación, condiciones de vida, entre otros, información que permitiría a los reformadores realizar un censo e iniciar las acciones pertinentes. Estas prácticas estadísticas permitieron establecer las condiciones de "salud" y "enfermedad" en las que se encontraba la población y su eventual tratamiento.

El grupo de intelectuales que colaboraron en las actividades de protección y control participaron en los diversos debates que se generaron a finales del siglo XIX y primeras décadas del XX, principalmente el dado sobre la *degeneración de la raza*,[12] en el cual se presentaron intervenciones directas de la medicina y la higiene que hicieron una contribución a la constitución de los discursos sobre lo moderno en Colombia tales contribuciones se dieron en general al desarrollo industrial y progreso de la civilización, y de manera particular, al desarrollo de la educación.

La polémica sobre la degeneración de la raza

Los saberes modernos introducen la noción *degeneración de la raza* como una forma de entender el individuo, la familia, el pueblo y la nación. Después de la guerra de los Mil Días, la malformación, la miseria, la pobreza, se hacen visibles para la mirada de la "generación del Centenario", conformada por los intelectuales burgueses, católicos y modernos de inicios del siglo XX.

Esta visibilización tiene varias implicaciones para el proceso de modernización y progreso del país. Sin embargo, es una significativa condición de posibilidad para la apropiación de la pedagogía o educación de anormales.

---

12. Para comprender el surgimiento del debate sobre la degeneración de la raza en Colombia, puede remitirse a Herrera, Martha Cecilia y Díaz, Carlos Jilmar (Ed.) *Educación y cultura política: una mirada multidisciplinar*, Bogotá, Universidad Pedagógica Nacional; Runge Peña, Andrés Klaus y Muñoz Gaviria, Diego Alejandro, "El evolucionismo social, los problemas de la raza y la educación en Colombia, primera mitad del siglo XX: el cuerpo en las estrategias eugenésicas de línea dura y de línea blanda", en *Revista Iberoamericana de Educación*, No. 39, septiembre-diciembre de 2005, Madrid, pp. 127-168.

> Estos nuevos saberes de fundamento biológico, socioló-
> gico y filológico, empezaron a abrir la mirada de la
> intelectualidad colombiana de fin de siglo hacia nuevos
> objetos de conocimiento y apuntalaron un nuevo suelo
> de observación y de intervención para los saberes, a par-
> tir de las teorías sociobiológicas sobre la raza, la pobla-
> ción, la infancia y el individuo, la familia y la mujer, los
> pobres y los trabajadores, y los "enfermos", "degenera-
> dos raciales" y "débiles mentales". (Saldarriaga, 2003, 72)

La teoría sobre la degeneración de Benedict Morel es actualizada y legitimada como un saber moderno por los intelectuales colombianos. Las causas giraban en torno a la influencia del clima (tropical, templado) y la geografía (centro o periferia, Europa o Suramérica), de la herencia (transmisión de la degeneración a través de los padres) y de la evolución (más bien involución en la escala filogenética de las especies), o de las condiciones sociales (pueblo, gobernantes, sistema educativo).

> La degeneración significaba una regresión de la capacidad
> vital y de producción de la raza en relación con las razas
> europea, africana e indígena originarias. A partir de las
> teorías del francés Benedict Morel de mediados del siglo
> XIX, definía la degeneración como "una desviación enfer-
> miza de un tipo primitivo", causada por influencias exte-
> riores o inherentes a la constitución del individuo, la cual
> imposibilitaba al degenerado para engendrar hijos norma-
> les. Por las inexorables leyes de la herencia, la descen-
> dencia del degenerado se alejaría aún más "del tipo ideal
> de las especies" (Sáenz, Saldarriaga y Ospina, 1997, 82).

Entre los intelectuales que más contribuyeron a fortalecer la representación social sobre la *degeneración* se encuentran Miguel Jiménez López, Luis López de Mesa,

Jorge Bejarano, Lucas Caballero, Simón Araújo. Todos participaron en *La polémica sobre la degeneración de la raza* de 1918. El médico, psiquiatra y senador conservador Miguel Jiménez López, en su ponencia presentada en el Tercer Congreso Nacional de Médicos, realizado en Cartagena en 1918, planteaba la existencia de una degeneración colectiva de los colombianos en el plano de lo físico, moral e intelectual, que evidenciaba cada día la decadencia del pueblo colombiano en el incremento de los índices de delincuencia, locura, violencia. Añadía a esto que las causas por las cuales se generaba tal problema procedían de la herencia, el alcoholismo, la mala alimentación o las enfermedades venéreas. Así mismo, Jiménez López consideraba la instrucción y la educación como una causa de la degeneración, pues esta se presentaba como incompleta al poner su atención sobre la memoria y las enseñanzas académicas, dejando de lado la formación física y moral de los estudiantes. Tal estado enfermo debía ser reparado a través de un cruce con otras razas más fuertes y menos viciadas —énfasis biológico— y brindando una educación que tomara en cuenta el contexto —énfasis social—.

El establecimiento de las causas de la degeneración de la raza era múltiple, en ocasiones exageradas, repetitivas o confusas. Desde los discursos biológicos, la degeneración era una cuestión inicialmente de herencia, que se transmitía de generación en generación. Estas ideas de corte biológico fueron relacionadas con las enfermedades más nefastas de la época como la lepra, la anemia tropical, la gripe, la sífilis, la tuberculosis, y en gran medida, el alcoholismo. Pero no solo radicaba allí, estaba aunada con varios factores tales como el ambiente de interacción del sujeto, las costumbres con las que se educaba, el consumo en exceso de bebidas espirituosas, la deficiente alimentación, etc., los cuales permitían que se desarrollara un estado degenerado con diferentes manifestaciones destinadas a las establecidas por la herencia. El médico José Rodríguez (1896) exponía en su trabajo de grado sobre las degeneraciones:

> Bien que la idiotez —como una degeneración más dentro de la clasificación— es producida en muchos casos por la acción simultánea de varias causas, hay, sin embargo, algunas de ellas que obran de una manera tan constante, que se las puede mirar casi como las causas únicas de la idiotez. Si consideramos al idiota como el último término de una familia en vía de degeneración, tendremos que admitir, ante todo, como causas, todos aquellos elementos y todos aquellos estados patológicos que traen consigo un estado de decadencia física y moral. Al lado de estas causas hay otras que obran directamente sobre el niño en la época del nacimiento ó poco tiempo después, y que traen consigo vicios de desarrollo. Tendremos, pues que estudiar las causas degenerativas y las causas accidentales. Los casos de degeneración más marcados son aquellos en que el padre transmite á sus descendientes una tendencia morbosa que, agravándose de generación en generación, acaba al fin con la familia afectada. Pero otras veces las cosas no son tan sencillas: sucede, á menudo, que una tendencia morbosa, por un determinismo que se nos escapa, produce otras del mismo orden pero de manifestaciones distintas [...] (30).

> [...] La idiotez es la degeneración más frecuente en los descendientes de los alcoholizados; el alcoholismo produce, por una parte, perturbaciones graves en el organis-

> mo, que lo hacen incapaz de engendrar seres robustos;
> por otra, el alcoholismo es una causa frecuente de locura,
> que se traduce en la descendencia por una ausencia más
> ó menos completa de las facultades intelectuales [...]
> (ibíd, 31).

Al decir del reconocido criminalista italiano Cesare Lombroso,[13] la degeneración se expresaba en un desvío del tipo original generando una subespecie, entre las cuales se contaba al idiota como la última escala de la degeneración del pueblo colombiano, según el médico Rodríguez. El alcoholismo fue considerado como uno de los principales problemas que incidían la degeneración, y uno de los primeros en ser atacado, pues el aumento de la población degenerada creaba a su paso una multitud de trastornos que incluían el incremento de la pobreza, el delito, la perversión moral y la violencia política, situaciones que cada día tomaban más fuerza.

Por su parte, Miguel Jiménez López estaba influenciado por ideas de las escuelas psiquiátricas europeas, las cuales planteaban como temas de estudios las características físicas y psicológicas de los

---

13. Las discusiones sobre la degeneración de la raza en Colombia estaban antecedidas por las teorías eugenésicas y racistas desarrolladas en los siglos XVIII y XIX en Europa. El concepto de degeneración y por consiguiente el degenerado eran las preocupaciones en las que coincidían todos los partidos políticos y un campo de estudio del más importante representante de la criminología positivista, Cesare Lombroso. Sus teorías sobre el criminal nato, innato o atávico, permitían representarlo como un ser que reproducía sus instintos más primitivos y animales y se exponía como un fiel transgresor de la ley.

criminales. Estos estudios influyeron particularmente en los cimientos conceptuales y prácticos de la eugenesia, la cual era entendida por intelectuales como Tomás Cadavid Restrepo y David Velásquez como:

> [...] *"la ciencia que estudia y hace conocer las mejores condiciones para la reproducción. Podría considerarse como una rama de la puericultura antes de la procreación"* (Pinard). François Galton la define como la *"ciencia que estudia las causas que pueden ser sometidas a la fiscalización social y que son susceptibles de mejorar o debilitar las cualidades de la raza de las generaciones futuras"* [...] (Cadavid y Velásquez, 1921, 48).

La eugenesia y sus prácticas se distinguían por su fuerte componente biológico determinista. Jiménez López afirmó que las manifestaciones de violencia e inmoralidad hacían de Colombia y sus habitantes una *nación degenerada*. Estos planteamientos fueron apoyados por otros intelectuales como el sociólogo liberal Luis López de Mesa, quien luego, como ministro de Educación, impuso medidas higiénicas para el mejoramiento de la raza, planteando la necesidad de convertir la escuela en un lugar para la limpieza mental y física (*cfr.* Noguera, 2003).

El médico Alfonso Castro (1920), refutando algunos de los planteamientos del médico Miguel Jiménez López, opuso a la tesis sobre la degeneración de la raza colombiana en las dimensiones física, psíquica y moral, la existencia de un debilitamiento físico y cultural que era susceptible de mejorarse utilizando como medios la higiene y la educación. A esta posibilidad de pensar el problema de la raza se suma el médico criminalista Jorge

Bejarano (1929), al integrar a los estudios del hombre el análisis de las características sociales y culturales en las que este se desenvolvía.

Las discusiones y debates alrededor de la degeneración se desplegaron en tesis y trabajos de grado que intentaban determinar y estudiar más a fondo las causas y consecuencias de la degeneración de la raza. Entre 1918 y las décadas de 1930-1940 se desplegó una gran producción intelectual sobre el tema, pero estas producciones se instalaron en la mayoría de los casos como derroteros a seguir por la comunidad, herramientas usadas por el Estado para controlar la propagación de la degeneración y la decadencia del pueblo. Los temas tratados en estos trabajos representaban problemas sociales y, en tanto tales, se convirtieron en un problema de tipo económico y político.

Inicialmente se intentó implementar una medicalización generalizada de la sociedad, tanto de las prácticas sociales de los individuos (costumbres, reuniones, lugares que frecuentaban, etc.) como de los aspectos más personales de los habitantes. El proceso de medicalización tenía sus fundamentos en la implementación de nociones emanadas de los saberes científicos, en particular de la higiene pública. El ideal del Estado era imponer un nuevo orden de dominio, control y gestión sobre el cuerpo social en su totalidad. Se partía de *"[...] la higiene como elemento imprescindible de la vida humana"* (Calvo y Saade, op. cit., 107). Dicho control sería ejercido en el cuerpo así como en el entorno, las costumbres y los hábitos como partes de la identidad cultural de un pueblo.

El llamado de atención sobre la higiene y sus prácticas dirigidas tanto al individuo como a la sociedad en general, se desarrolla a través de la estrategia de profilaxis, por su posibilidad de prevenir y su poder de controlar, puesto que su funcionamiento se inclinaba hacia el sujeto no como individuo aislado sino como parte de la red de relaciones de la sociedad, como órganos enfermos a los que se les debe prestar un especial cuidado por el carácter de contagio que la enfermedad presenta. El cuerpo social es entendido en términos de las concepciones "comtianas" y "darwinianas" como un sistema *"[...] con estructuras y funciones orgánicas, y [entendía] sus problemas como disfunciones que alteraban la totalidad de los cuerpos: si los más fuertes y aptos —según la escala evolutiva— estaban predestinados a una posición privilegiada, una nación 'enferma' tenía reducidas posibilidades para sobresalir en el contexto mundial"* (ibíd., 49).

Esta condición de ser un pueblo enfermo, degenerado, lleva a elaborar planes de salvación y regeneración del pueblo, en la medida en que *"[...] según las elites políticas e intelectuales, la inferioridad étnica era uno de los argumentos fundamentales que explicaban la reiterada incapacidad de Colombia para constituirse en un país civilizado: así, la "raza" se descubría como vértice del problema nacional"* (ibíd., 50)

Trabajos como el de Alberto Barrientos (1926) intentaban establecer las causas del criminal como un individuo degenerado. Las soluciones al problema de la degeneración estuvieron planteadas en términos de prevención (más articulada al énfasis social) y en forma de corrección y terapéutica (articulada al énfasis biológico). Propuestas como la inmigración de habitantes europeos y asiáticos y el cruce con razas superiores para el fortalecimiento físico, moral e intelectual, fueron contempladas por los encargados de la búsqueda de soluciones a dicho problema (*cfr.* Jiménez López, 1920). Pero no solo se contemplaban estas alternativas. Los cuidados de la niñez tomaron gran fuerza y la educación en los principales núcleos de la sociedad (familia, escuela, fábrica, etc.) se establecieron como uno de los principales caminos para evitar la degeneración. Como consecuencia, se desarrollaron campañas contra los "vicios" que sin lugar a dudas eran entendidos como causales de la degeneración.

Los objetivos perseguidos por muchas de las propuestas se centraban en conceptos tales como evolución, progreso racial, productividad, prevención de la enfermedad y el establecimiento de un orden frente al caos social. Las propuestas para la *regeneración de la raza* impregnaron la totalidad de las instituciones sociales: hospitales, hospicios, barrios, casas, resguardos, fábricas, calles, puertos, universidades. Llegaron hasta la transformación de la escuela normal y primaria. Pero también influyeron en la intervención y el tratamiento llevado a cabo en las casas de menores, las escuelas de anormales y los servicios médicos escolares.

El delincuente es entendido como un "anormal". El anormal era un degenerado. El degenerado era un desgraciado. La degeneración del anormal se evidenciaba en sus características morales, intelectuales y físicas. No obstante, todo degenerado no es un anormal. Los niños de las escuelas primarias podían presentar tanto estigmas de degeneración como anormalidades. En la escuela emergen los anormales pedagógicos, los retrasados escolares, los díscolos: los degenerados de las escuelas.

> La palabra degeneración equivale a desviación de las cualidades originales del individuo mediante factores o circunstancias involuntarias y especialmente de orden congénito y hereditario. Existen degeneraciones caracterizadas por deformaciones físicas, tales como aberraciones parciales, o generales en la evolución de la economía animal; asimetrías o deformaciones de la cabeza, de la cara, de los miembros, etc. Además de estas hay las de orden psíquico: el retraso mental, el cretinismo, la imbecilidad. Conviene tener presente que hay defectos físicos que no son hereditarios, y que no pueden incluirse entre los de degeneración, tales como los de orden accidental, que tampoco son transmitibles (Álvarez, 1939, 16)

La degeneración de la raza incrusta a la pedagogía de anormales en el espíritu de la época, la sitúa en el centro de una discusión nacional. Todas las instituciones, saberes y sujetos apropiados tenían como fondo una misma problematización: la instituida por el *hecho social* nombrado como degeneración. Los "niños anormales" en tanto degenerados no pasan a ser una preocupación nacional, pero sí por lo menos una inquietud regional sustentada en la realidad general de la república.

Degeneración de la raza, lucha antialcohólica, antivenérea y anticriminal

Una de las primeras y más difundidas campañas en contra de la degeneración giró alrededor de la lucha antialcohólica. Discursivamente, el alcoholismo se presentaba como una de las principales causas de la degeneración del pueblo y, en tanto problema social que implicaba un abandono de la familia por parte del alcoholizado, apartarse de sus obligaciones sociales y morales, generaba miseria y engendraba odios y muerte. A este "problema" se le atribuía la causa por la cual la mayoría de los hombres eran llevados a presidio.

Las evidencias de este flagelo se podían observar en diarios, revistas, cartillas, periódicos, folletines, en los que se difundían las consecuencias nocivas del alcoholismo y los estragos que estaba causando en la población:

> Colombia, en medio del despertar del marasmo en que se encuentra, ha contemplado el abismo a que la conduce el vicio de la embriaguez; no hay día que la prensa periódica no dé cuenta de hechos delictuosos cometidos bajo el impulso del alcohol, comprendiendo aquí los efectos perniciosos de la chicha que, como se sabe, no sólo son debidos a las ptomainas que produce, sino a la cantidad crecida de alcohol que contiene: el alcohol mina el organismo del individuo, destruye el hogar, base de la sociedad, engendra los más funestos vicios y trae consigo la degeneración de la raza, pues los hijos de los alcohólogos nacen llevando ya en sí el germen de la destrucción y de la muerte (Téllez, 1922, 9).

El médico Uldarico Téllez dibuja el paisaje que se entretejía alrededor del alcohol, lo expone como un mal nacional y lo exhibe como la muestra de la desorganización social que vive el país. Pero más que un problema de simple consumo, Téllez pone en evidencia que el consumo de alcohol se presenta como una práctica cultural de los habitantes de gran parte del territorio nacional.

> Las manifestaciones clínicas del alcoholismo crónico se encuentran de preferencia en el obrero que se alcoholiza tomándose todos los días *sus mañanas;* en el obrero que acostumbra permanecer en las chicherías desde que sale del trabajo gastando lo que ha devengado en el día y que si no termina por cometer un acto delictuoso viene a la larga a convertirse en un parásito de la sociedad, en un cliente favorito de nuestros hospitales; también se encuentran en el almacenista u oficinista que acostumbra a tomar un aperitivo y en nuestros jóvenes ociosos para quienes es un timbre de honor que les aclare en las tabernas (ibíd. 21). [...] El alcoholismo en sus manifestaciones clínicas [...] no sólo se encuentra en el individuo en el estado adulto, que es donde lo hemos estudiado hasta ahora, sino que su acción nefasta se extiende desde el feto hasta la sociedad y la raza (ibíd., 29).

El grado de alcoholismo en el que se encontraba gran parte del pueblo colombiano preocupaba al Estado por el poco rendimiento que presentaban los obreros que hacían frecuentes visitas a las tabernas y chicherías. Estas prácticas minaban sus capacidades y disminuían sus fuerzas y su disposición para el trabajo. Es una preocupación que se centra en el factor humano y productivo. Las cifras que muestran las estadísticas en el consumo de las bebidas alcohólicas alarma al Estado, y atendiendo a esta alerta diseña campañas en contra del consumo de bebidas como la chicha y los lugares de expendio, como son las chicherías.[14] Establece cátedras donde se explican las funestas consecuencias del alcohol, y difunde por todas las escuelas la cartilla antialcohólica de Martín Restrepo Mejía (1913), donde se relata gráficamente la historia de dos hermanos, "Luis el juicioso y Tomás el borracho", que daban a conocer en forma resumida el futuro de una familia que se dejará arrastrar por el alcohol y la inmoralidad; y aquella otra familia que andaba por el recto camino de la salud y las buenas costumbres. Entre página y página el ilustre pedagogo introduce información sobre las diferentes bebidas y los efectos que estas tienen en el organismo. De manera detallada, se exponen en la cartilla los efectos que el alcoholismo genera en las familias y su descendencia y se establecen los niveles de degeneración a los que lleva este mal nacional.

Esta cartilla fue una de las más utilizadas como estrategia de propagada, se difundió en todas las instituciones donde se impartiera enseñanza, para evitar por medio de la educación que la niñez cayera en este terrible vicio.

> Se trataba de un impreso ilustrado de 112 páginas, elaborado para ser leído en dos direcciones que se intercalan a lo largo de todo el cuerpo de la publicación. Inicia la cartilla con dos páginas ilustradas con recuadros donde se dibuja la vida de dos hermanos con comentarios referentes a sus formas de vida, intereses y expectativas. Continúa la cartilla con otras dos

---

14. Para profundizar más sobre la lucha contra la producción de la chicha, ver Óscar Calvo y Marta Saade, op. cit.

páginas de texto donde se exponen, "científicamente", los horrores del vicio alcohólico. Así, a lo largo de todo el impreso, el niño y el maestro podían seguir la historia de la vida de "Tomás, el borracho" y "Luis, el juicioso", a la vez que aprendían la composición química de las diferentes bebidas alcohólicas, los procedimientos utilizados para su producción y, sobre todo, los grandes males que generaba su consumo tanto en los viciosos como en su descendencia.

Luis, el juicioso es, desde luego, el ejemplo de moralidad y virtud. Estudioso, trabajador, abstemio. Pronto contrae matrimonio con una honesta dama y la lleva a vivir en una casa donde sobresalen, aunque con modestia, los muebles característicos de una familia "civilizada": comedor, biblioteca, escritorio, jarrones con flores, cuadros, cortinas... Sobresale, además, la indumentaria típica del cachaco (nombre con el que se designaba a comienzos de siglo al bogotano de "buena familia"): sombrero, corbatín, chaleco.

Tomás, el borracho, representa, por el contrario, la imagen que construyó la elite del hombre del pueblo. Pasa gran parte de su vida en la taberna y el billar "Tres Estrellas" y contrae matrimonio con una humilde mujer objeto de las frecuentes iras de su ebrio marido. Su casa, pintada como un pequeño espacio en el que la carencia de muebles es la característica, es un sórdido lugar donde se refugia una triste y sombría familia. Tomás, ebrio de condición, pierde su empleo, gasta el poco dinero que consigue en la bebida y el juego, maltrata a su mujer y a sus hijos, en fin, es el símbolo del pueblo degenerado y presa del vicio (Noguera, 2003, 160-161).

Varios de los trabajos señalados representan a la familia de la época, tal como la dibujó el ilustre pedagogo. Son varios los autores que la designan con las palabras de trato fuerte, miseria, perdida de valores morales, desintegración, y la declaran en esas condiciones como lugar no apto para el crecimiento y educación de la niñez.

Respecto a la familia, es un cuadro desolador el que se contempla donde reina Baco; se observa la pérdida de toda dignidad del padre de familia; el padre beodo ha perdido todo noble sentimiento y es de ver la manera brutal como trata a una esposa mártir y a una prole desgraciada. Y no debe pasarse inadvertido que el vicio del alcoholismo lleva las familias a la más espantosa miseria; el dinero que debía servir para mejorar la angustiosa situación que hoy se atraviesa, sirve más bien para hacerla más temible, pues lo que se debiera ahorrar se despilfarra consumiendo alcohol. Caben aquí las bellas palabras del doctor Robledo: *"Oh, las dolorosas escenas que en ciertos hogares se contemplan! Oh, las familias en que está haciendo estragos este vicio! Ya porque los jefes de ellas sean beodos consuetudinarios; ya porque lentamente, y esto sin advertirlo, se están alcoholizando con las pequeñas dosis diarias que ellos creen higiénicas. De ahí que haya serios motivos para temer que la 'familia colombiana a vuelta de algunos años se vea herida en sus más sagrados fundamentos. Harto se sabe que quien toma este camino abandona todo trabajo honrado, descuida la educación de sus hijos y no deja en pie de ese hogar bendito sino una mujer mártir que derrama en silencio lágrimas de sangre"*. Y el fruto de esta familia no puede ser otro que una descendencia degenerada, incapaz de nada grande, que ha de dejar muy pronto su carga de miserias en una muerte ignominiosa (Téllez, 1922, 31).

[...] Y si tales son los elementos que componen la familia y con ella la sociedad, cuál puede ser la raza? No otra que la que nos pinta el doctor Jiménez López, una raza de degenerados, incapaz de todo esfuerzo y llamada a desaparecer si no se pone remedio a tiempo para evitar que caiga al abismo a que la conduce el vicio de la embriaguez (ibíd, 36).

Prácticas de desintoxicación, prohibición del consumo, penalidades contra los productores de bebidas alcohólicas, la sustitución estas por bebidas "menos nocivas" como la cerveza, la maizola, las gaseosas, etc., son dirigidas a la sociedad y a los sujetos, constituyéndose en acciones profilácticas lideradas por médicos, pedagogos, maestros e intelectuales. Como parte del conjunto de medidas a tomar para combatir el alcoholismo se establecen tratamientos individuales de desintoxicación corporal y moral. En lo corporal se instalan desde la disminución de dosis de alcohol, hasta experimentación con sustancias extraídas de los animales para utilizar como medicamentos que ayudaban a dejar el vicio de la bebida. De otro lado, el tratamiento moral sería viable, en tanto el bebedor tuviera aún suficiente voluntad para luchar contra el vicio, ayudado por los sectores sociales que sustituían el alcohol por aguas gaseosas o café. En estas disposiciones se resalta la educación como uno de los factores más importantes en la lucha contra el vicio, ella tenía el deber de propiciar que desde las aulas los niños vieran las consecuencias fatales a las que es conducido un individuo por los efectos del alcohol. Cosa sencilla de lograr en la época, según Téllez, si se tiene a la mano *"láminas demostrativas por el estilo de las [que] se exhiben en la vitrina de la Cruz Roja"*.[15]

En la enseñanza no sólo se hacía énfasis en la composición de las bebidas, sus efectos fisiológicos y pato-

---

15. Téllez Uldarico, *Ligeros apuntes*, tesis para el doctorado en Medicina y Cirugía, Universidad Nacional, Facultad de Ciencias Naturales y Medicina, Bogotá, 1922, p. 42.

lógicos, también se hacía referencia a la influencia económica que tenía en el desarrollo del país. El alcoholismo no sólo influía en la degeneración de la raza, sino que contribuía al empobrecimiento y miseria del individuo, la familia y la sociedad, y sobre todo aumentaba la criminalidad y los escándalos sociales. Otro elemento que complementaba el cuadro era el nivel psicológico y moral, pues exteriorizaban la influencia del alcoholismo en la locura, el debilitamiento de la inteligencia y de la voluntad.

En la campaña antialcohólica[16] de principios del siglo XX, Don Martín Restrepo Mejía puso en evidencia su posición, que reflejaba en gran parte la posición de los intelectuales de la época. Se refería a ésta como la posibilidad de volver el pueblo a la vida y evitar que siguiera cayendo en detrimento:

> El alcoholismo implica la anulación del individuo, la degeneración de la raza, el descenso moral e intelectual de las sociedades, la muerte de los pueblos. La nación que no tiene energía para luchar eficazmente contra ese "príncipe de las alegrías mundanas", como lo llamó Catulle Mendez, está condenada a morir lentamente (Restrepo, 1913, 39).

Paralela a la lucha antialcohólica se efectuaba *la lucha antivenérea*. La propagación de enfermedades de transmisión sexual se convirtió en un problema moral que

---

16. Para profundizar más sobre las luchas antialcohólicas, remitirse a Francisco Marulanda (1909), Martín Restrepo (1913), revista *Civismo* (1919), José Restrepo (1919), Uldarico Téllez (1922), entre otros.

generaba malestar en los ciudadanos de los estratos más altos de la sociedad. La campaña médica que se implementó giraba alrededor de la protección de la salud pública en general e impedir que el factor humano en capacidad de producir cayera en el flagelo de este tipo de enfermedades. También se centraba en una profilaxis social a nivel moral y un control en la expansión del contagio.

La campaña antivenérea se presentaba como una disposición exagerada, puesto que no se estableció para todo el territorio nacional, sino que fue focalizada en las grandes ciudades, que para la época eran Bogotá y Medellín; la campaña no incluía todas las enfermedades de transmisión sexual, sino que se limitaba a la sífilis como enfermedad y a las prostitutas como sujeto propagador. Por este motivo, se optó por la *"reglamentación y control de los sitios y de las prostitutas a través, fundamentalmente, de las tarjetas de identificación y de los dispensarios antivenéreos, mecanismos profilácticos que buscaron reducir el peligro de contagio"* (Noguera, 2003, 171). De esta estrategia, se nutrió en gran medida el estudio de la sífilis, no solo porque se pudo realizar una intervención con carácter de control de su expansión, sino también porque se establecieron sus causas y se orientó el tratamiento médico adecuado. Tanto en la campaña antialcohólica como en la lucha antivenérea, el médico se establece como un sujeto por encima de todos los actores, pues su conocimiento lo faculta para actuar y ser escuchado:

> Los médicos pueden hacer un gran servicio á la sociedad, no solamente poniendo en conocimiento de la autoridad los casos graves de enfermedades que puedan ser epidémicas, sino también aconsejando privadamente á sus clientes y á las familias de éstos la adopción de toda medida que tienda á preservar á los sanos del contagio de una enfermedad. Los preceptos y consejos que da el médico tienen en ocasiones más fuerza que la misma ley, y es deber de conciencia aprovecharse de la autoridad de que reviste la noble profesión de médico para salvar del contagio no solamente á sus clientes sino también muchas veces á gran parte de la sociedad. Ya que la ciencia actual ha abierto tan amplios horizontes á la medicina preventiva, aprovechémonos de los modernos conocimientos para tratar de detener, poniendo en práctica los medios hoy preconizados por la higiene, enfermedades contagiosas (García Medina, 1904, 239)

Con esta nueva empresa, los médicos logran establecer la medicalización de la sífilis, pues al lado del alcoholismo era presentada como una enfermedad hereditaria que recaía directamente sobre los temores que se gestaban alrededor de la raza, como lo indican el pedagogo Tomás Cadavid Restrepo y el médico David Velásquez (1921, 48-49): la sífilis *"[...] no es simple leyenda: la sifilización de la raza no es un mito: de ella pueden dar fe los médicos de práctica intensa. Nuestros jóvenes aportan al matrimonio no sólo el virus sifilítico, sino también la impregnación etílica y la no menos funesta de otros vicios"*. Este fue unos de los argumentos para que el cuerpo médico realizara medidas preventivas y se sirviera de la intervención en los sectores más pobres de la población y ponerlos en "cuarentena" para manipular en sus cuerpos la enfermedad y la moral.

Esta lucha se dirigió a clasificar, registrar, realizar estadísticas de enfermos y de prostitutas. Más que en un asunto de salud se convirtió en un asunto de orden público; no solo intervenían los médicos, se utilizaba también la policía como sujeto ejecutor de órdenes de revisión de los enfermos y de las mujeres de la mala vida.

> La policía se encargaba de articular y administrar las técnicas de biopoder y, al mismo tiempo, el incremento del control del Estado sobre sus habitantes. El principal papel de la policía era el control de los individuos y de la población en general, relacionada con la protección del Estado. Por eso las acciones de la policía eran verdaderamente amplias y abarcaban a los hombres y las cosas en sus relaciones con la propiedad, lo que producen, la coexistencia de los hombres en un territorio, lo que se intercambia en el mercado. También incluyen su modo de vida, las enfermedades y las acciones que pueden ocurrirles. La policía procura que el hombre esté vivo, activo, productivo.
>
> La policía se preocupa por los hombres en cada una de sus actividades cotidianas, como componentes esenciales de la lucha y la vitalidad del Estado. Eran la policía y sus adjuntos administrativos quienes se encargaban del bienestar del hombre –y de su control– (Dreyfus y Rabinow, 2001, 168).

Se dispusieron mecanismos para hacer de la prostitución una actividad higiénica que solo tenía cabida en los imaginarios e ideales de una ciudad dibujada por los médicos higienistas. Una de las propuestas que apuntaba hacia este ideal era la creación de barrios exclusivos para las prostitutas, las llamadas "zonas de tolerancia", las cuales permitirían su mejor control, lo cual daría lugar a otro problema relacionado con los preceptos morales de las "gentes de bien". Es por esto que la mayoría de las medidas se dirigieron a establecer el registro de las prostitutas, someterlas a examen y tratamiento médico preventivo en los dispensarios e internar en el hospital a las mujeres que se encontraban en avanzado estado de la enfermedad (Noguera, 2003, 174).

Estas dos campañas de higiene tocaron directamente la escuela, pues al igual que la antialcohólica, la lucha antivenérea se extendió a la escuela a través de las campañas de educación sexual, las cuales se vieron obstaculizadas por algunos opositores, principalmente la Iglesia católica, que les daba el calificativo de inmorales en tanto perjudicaban la formación de la niñez.

Estas campañas, al lado de la preocupación por la salud pública, provocaron la creación de instituciones como el Departamento Nacional de Higiene y Asistencia Pública (1931), hospitales para la atención de enfermos de ambos sexos (el hospital de la Samaritana en 1933, el Instituto Profiláctico Central de Medellín en 1935). Estas entidades se encargaron de mantener la lucha preventiva en la mayor parte de las regiones del país. Con la creación de estas instituciones el dispensario toma un nuevo carácter: deja de ser un lugar de vigilancia, registro y estadística para convertirse en sitio de acceso a información relacionada, realizan una labor educativa y hacen de la campaña antivenérea otra forma de medicalización de la sociedad, donde se diagnostica, se genera tratamiento y se hace propaganda para prevenir su contagio.

La importancia de la educación en la lucha antivenérea tiene su razón de ser en la adaptación y transformación cultural de la sociedad. Las enfermedades venéreas no son asumidas como pecados a expiar, pues la forma de contagiarse se presenta como inmoral, sino como un espacio donde el médico se valga de la educación para quitar la carga moralista que tenía la lucha antivenérea y poder controlar los cuerpos enfermos, estableciendo la higiene y la profilaxis como vías para instaurar el control y la defensa de la sociedad a través de la salud pública.

El alcoholismo y las enfermedades venéreas se presentaron como causas principales de la degeneración de la raza en Colombia, como causas de primer nivel, a las cuales se le une otra: el aumento de la delincuencia y la prostitución infantil. El médico Miguel Jiménez López (1920) hacia alusión a ella como otro síntoma de la degeneración, cuestión que enciende las alarmas y centra la atención de los médicos higienistas reformadores en la niñez colombiana. A su alrededor se realizan diferentes estudios que intentan establecer las procedencias de esta nueva enfermedad social y de su enfermo: *el delincuente*. Uno de los más interesados en el tema es el médico Jorge Bejarano, quien en su conferencia sobre "La criminalidad infantil y factores de criminalidad en la mujer", intenta bosquejar un panorama sobre el menor delincuente partiendo desde la Ley 80 de 1920 y de las diferentes instituciones que deben alojar a este *anormal*.

En este trabajo el médico destaca la Casa de Menores y Escuela de Trabajo San José, de Bello, Antioquia, como un ejemplo para que se erigieran de igual forma otras instituciones que se encarguen de *"[...] los [niños] que se encuentren en estado de abandono físico o moral, vagancia, prostitución o mendicidad"* (Bejarano, 1929, 2), puesto que el aumento de la criminalidad no es más *"sino el resultante del concurso simultáneo y sincronizado de las condiciones del medio físico y social en que nace, vive y obra el criminal"* (ibíd, 11). Este médico, con influencias de la criminología positivista, homologa al criminal como monstruo y un anormal, sujeto que tiene un destino forjado en la sociedad: *ser arrojado de ella*. De esta manera surge una profilaxis del crimen, se establecen acciones desde la sociedad que señalan al médico como el sujeto más capacitado para explicar las reacciones contra el orden social y la transgresión a las leyes humanas. Lo anterior le imprime al médico

> una obligación moral para con la sociedad o medio en el cual actúe y que consiste en darle los derroteros de salud física y moral. Aquel misterioso personaje que todos vemos en los grabados antiguos como un dios o sacerdote que solo contemplaba el enfermo debe ser hoy el apóstol de aquellas campañas que tengan como bandera la humanidad.

> [...] así también el médico, gran señor de almas, significa redención moral para el hombre. He aquí por qué yo confío que bien pronto llegará una época en que la medicina, esta gran necesidad social, ejercerá una alta magistratura sobre los hombres; los médicos serán contados entre los doctores de la ley como lo son hoy los doctores de la medicina. Afirmar así nuestra personalidad, evolu-

> cionar nuestra ciencia y nuestras leyes no es ya, acaso, un gajo de laurel para muchos jóvenes que buscan en la lucha una satisfacción a sus anhelos? A pesar de las guerras, a pesar del odio de razas y de siglos, yo creo que entre los hombres habrá siempre un fin y un anhelo universal: el deseo de vencer la enfermedad y el vicio (ibíd., 12).

El médico tiene una obligación científica y una obligación moral, la primera hace referencia a la enfermedad, diagnóstico y prevención, y la segunda a la moral que acompaña las buenas acciones. Sin lugar a dudas, esta problemática tiene sus raíces en el desamparo de la niñez colombiana, la cual se ve abocada a vivir en las calles, presa de una vagancia absoluta, donde puede acceder, al decir de Bejarano, a la "perfecta escuela de corrupción". Esta situación trae consigo otros factores que influyen en el delincuente infantil tales son: la miseria, la influencia corruptora en ciertos espacios, el abandono moral y físico.

En estas circunstancias no se cuenta con la familia, y mucho menos con la sociedad, ambas no ofrecen los elementos necesarios para enrutar al niño hacia el buen camino, para moldearlo y convertirlo en una unidad productiva en el proceso de modernización, encontrar un espacio que aporte al niño todas las comodidades indispensables para su desarrollo. Este espacio es la escuela. El médico Jorge Bejarano exige que se establezca la enseñanza obligatoria como medida de prevención de la delincuencia infantil:

> El desinterés por la instrucción y el aprendizaje son hechos evidentes que nos denuncian las estadísticas escolares. Es éste un factor decisivo en la delincuencia infantil,

> bien apreciado y comprobado en los países en donde
> existe hoy la instrucción obligatoria. Argentina y Uru-
> guay lo vieron claramente cuando su ley de instrucción
> obligatoria se sumó también el de la escuela, atrayente
> por sus condiciones higiénicas y de confort. Demostrado
> está el papel desempeñado por la escuela como profi-
> laxis de la delincuencia infantil, cuandoquiera que en
> ella encuentra el niño todas las comodidades y belleza a
> que está inclinado por naturaleza (ibíd., 24).

La estrategia de profilaxis se extiende a la escuela
primaria, uno de los espacios institucionales del saber
pedagógico colombiano. Las discusiones sobre la degeneración de la raza, las campañas antialcohólica,
antivenérea y anticriminal expresan el énfasis que ponía
el Estado en la higienización de la población pobre que
asistía a las escuelas como mecanismos y técnicas disciplinarias para transformar los hábitos y costumbres populares, para someter al control disciplinario y domes-
ticación a hombres y mujeres teniendo como meta los
ideales de progreso y civilización; tal objetivo se ejecutó
respaldados en la higiene y en la prevención.

Esta urgencia por higienizar la ciudad y sus habitantes, y con ellos el conjunto de prácticas sociales
que los caracterizan —Carlos Noguera la ha denominado como dispositivo de higienización—, tiene el
propósito de imponer un nuevo orden, que exprese
las relaciones sociales modernas, higiénicas, sanas.
La estrategia de profilaxis involucra a la escuela al
asignarle la función de prevenir en la niñez cualquier
asomo de degeneración física, moral e intelectual, para
ello se establecen medidas higiénicas en las escuelas,

se incorpora al médico como sujeto de múltiples espacios (familia, escuela, sociedad).

En la familia el médico da educación a padres y parientes, establece los trastornos de evolución de algunos de los miembros de la familia, se encarga de la inspección escolar; él sería el puente entre la escuela y el hospital, encargado de establecer las causas de una enfermedad y sugerir el tratamiento adecuado, tenía la noble tarea de instruir a los maestros en las normas médicas higiénicas; se encargaba tanto de lo público como de lo privado, no había un espacio en el que él no tuviera voz, se convirtió en esta época en un sujeto administrador de las cuestiones nacionales y legales, hegemonía del poder biomédico y principal protagonista del proceso de higienización y profilaxis de la población colombiana, evento que no solo beneficiaba a la población más pobre, sino a las clases burguesas, al prevenir la propagación y el contagio.

Fue tan influyente su labor, que al médico se le debe, en parte, la creación del sistema de clases, y de clases especiales en las escuelas para los retrasados capaces, así como la creación de las escuelas al aire libre y granjas-escuelas, otorgando a los médicos la posibilidad de dirección, inspección y clasificación de la "infancia anormal" alojada en la escuela y fuera de ella. La principal razón de todas estas campañas y de su propagación a través de la escuela era buscar la prevención y curación de todos los excesos, entendidas como la superación de los *males de la raza* (Calvo y Saade, 2002, 112).

Apropiación e institucionalización

La educación o pedagogía de anormales se institucionaliza en Colombia durante las décadas de 1920 y 1940, en cinco "espacios institucionales": casas de menores y escuela de trabajo y colonias escolares (en Antioquia, Cundinamarca, Santander, Caldas, Atlántico), escuelas especiales, escuelas de sordomudos y ciegos e Instituto médico-pedagógico (en Antioquia y Cundinamarca), Facultad de Medicina de la Universidad Nacional de Colombia (en Bogotá), Escuela Normal de Institutores de Antioquia (en Medellín) y Servicios Médico-Escolares o Médico-Pedagógicos (en Cundinamarca y Medellín). A partir de ese momento, todo un conjunto de instituciones, discursos, prácticas, sujetos e instrumentos se incorporan al saber pedagógico de nuestra formación social.

Por el momento, se han identificado cuatro condiciones históricas de posibilidad para que esta práctica discursiva se desarrolle en Colombia: 1) la apropiación de los saberes modernos y de la pedagogía activa en las escuelas públicas y privadas; 2) la problematización sobre la degeneración de la raza; 3) una *pericia criminológica-biomédico-pedagógica* entre delincuente–anormal y; 4) una reforma educativa en lacasas de Menores y Escuela de Trabajo San José (extendida a las demás casas de menores del país, como Paiba y Fadua en Cundinamarca, Piedrecuessta en Norte de Santander, entre otros).

Estas condiciones de posibilidad y de emergencia permiten establecer una diferencia sustancial con el lugar común de explicación e interpretación del surgimiento de la "educación especial" y la "infancia anormal" en Europa y Estados Unidos. La instrucción pública, obligatoria, laica y gratuita no tuvo tanta ingerencia en este proceso como la problematización sobre la degeneración de la raza o la reforma educativa en la Casa de Menores San José. Entre la mayoría de países industrializados de finales del XIX y Colombia existieron condiciones distintas para el nacimiento de la "educación de anormales". Incluso las condiciones y argumentos de esta educación o pedagogía se distancian de los "lugares de procedencia conceptual e institucional": Europa y Estados Unidos.

Seguidamente se mostrarán los distintos espacios institucionales de la pedagogía o educación de anormales, los cuales funcionaron como unos regímenes de producción de discurso, de legitimación social de un saber-poder sobre los maestros y la infancia anormal (eventualmente sobre la escuela, la familia y la sociedad). Es necesario puntualizar que el proceso de apropiación de la pedagogía de anormales transcurre en medio de la articulación meticulosa de una red institucional que moviliza sujetos, técnicas, prácticas y discursos. Además, estas instituciones no se reducen a la escuela primaria o elemental (ni pública ni privada). Como podrá apreciarse, es un complejo entramado que se desplaza a través de la naciente sociedad moderna de principios de siglo XX en Colombia.

Las casas de corrección o de menores se configuran como un espacio de institucionalización solamente después de la década de 1920, con la reforma educativa introducida por la pedagogía de anormales en tanto tratamiento médico-pedagógico, correctivo y terapéutico de los niños delincuentes o anormales (contrario a lo planteado por José Jaime Díaz en 1987 o Amelia Gómez en 1997, quienes sostienen que empieza en 1914). La Ley 98 de 1920 dispuso la creación en los departamentos de la República de Casas de Menores o Reformatorios que tomarían como modelo a Fontidueño, Antioquia. En este sentido, la mayoría de las Casas de Menores introdujeron y reprodujeron los elementos constitutivos de la pedagogía de anormales o régimen médico-pedagógico. De acuerdo con lo anterior, son espacios institucionales en este procesos de apropiación la Casa de Menores y Escuela de Trabajo San José (Fontidueño, Antioquia), Casa de Menores y Escuela de Trabajo de Paiba y de Fadua (Cundinamarca), y las casas de menores y escuelas de trabajo del Atlántico y Caldas.[17]

En 1927 se fundaron las escuelas activas Los Libertadores y El Bosque, en Medellín, las cuales atendían a niños díscolos, retrasados escolares y pedagógicos; prontamente, debido a problemas económicos, fueron convertidas en *escuelas para normales*. La pedagogía activa y de anormales era el fundamento de sus prácticas. Por su parte, en 1936 se le asigna el carácter

---

17. No tenemos datos sobre estas casas, ni fecha de creación ni de funcionamiento, solamente contamos con una alusión a su existencia en una tesis de la Escuela Normal de Institutores de Antioquia. *Cfr.* Botero Uribe, Jaime (1942), *La educación de los niños mentalmente anormales*, tesis de grado, Escuela Normal de Medellín, Medellín, mimeografiado.

de escuela especial a la Escuela Rafael Uribe Uribe (Decreto No. 33 de 4 de febrero de 1936). Los maestros de escuelas primarias, los médicos escolares o los padres de familia remitían a esta institución los niños anormales y retrasados pedagógicos que causaban dificultades para la enseñanza, que no mostraban rendimiento académico, que tenían fracaso escolar y repitencia, con estigmas degenerativos que causaban disturbios en las escuelas o en la familia. También fueron creadas la Escuela Especial para Díscolos Tomás Cadavid Restrepo en 1938 (*cfr.* Marín, 1992) y la Escuela Especial Baldomero Sanín Cano para niñas anormales o débiles mentales, en 1944. Por su parte, el Instituto Médico-Pedagógico es fundado por Eduardo Vasco en 1947 (Vasco, 1948).

Las escuelas e institutos para sordomudos y ciegos fueron creados en Antioquia, Cundinamarca y Valle entre las décadas de 1920–1940: la Escuela de Ciegos y Sordomudos, fundada por Francisco Luis Hernández en 1925; el Instituto Nacional de Ciegos, por Antonio Pardo Ospina en 1926, y la Escuela de Ciegos y Sordos de Cali en 1942 (Pardo Ospina y Hernández, 1948). Su fundamento en una pedagogía activa experimental permite identificar prácticas similares a las utilizadas en las escuelas especiales, pero también implicaba enseñanza del sistema braille a los ciegos y de la oralización para los sordos, el uso de maquinaria especializada y de formas concretas de organización del aula, del material para enseñar, etc.

De izquierda a derecha, Alfonso Sardi Martínez, director de la revista *Raza*, el profesor Eduardo Vasco, fundador del Instituto, y el doctor Luis Gabriel Jaramillo, durante una visita al Instituto Médico-Pedagógico, 1948.

Talleres de Carpintería de la Casa de menores y
de la Escuela de Trabajo San José, *Sábado*, N° 22 , 1921

Las colonias escolares se concibieron como un espacio terapéutico facilitado por el cambio de clima y geografía, el cual fortalecía las facultades intelectuales, físicas y morales. La colonia es un modo de profilaxis de las enfermedades, las anormalidades y la criminalidad. Existieron en Usaquén, Bogotá, donde *"[...] durante las vacaciones fueron enviados [...] veinte niños de la escuela 'Uribe Uribe' que presentaban claras muestras de desnutrición, logrando en varios el equilibrio que con recursos pedagógicos solamente habría sido inútil buscarlo"* (Vallejo, 1938, 143). También existieron la Colonia Nazareth y la Colonia Agrícola de La Cerrazón, en Antioquia.

En la Facultad de Medicina y Ciencias Naturales de la Universidad Nacional de Colombia en Bogotá, el médico Senén Suárez (1926) escribió la tesis para el doctorado en Medicina y Cirugía sobre "La selección médico- pedagógica de los niños anormales y degenerados". Y en la Escuela Normal de Institutores de Antioquia se encuentran varias tesis para optar a título de institutor que tuvieron como temática la educación de anormales: Mario Villegas en 1939, "Escuela Especial Rafael Uribe Uribe"; Ignacio Jaramillo Sácnz en 1939, "Delincuencia Infantil. (Factores que influyen en ella – Algunas observaciones acerca de un barrio de Medellín)"; Alfredo Emilio Sanz en 1940, "Educación de anormales", Raúl Palacio en 1941, "Apuntes sobre la clasificación escolar", Jaime Botero Uribe de 1942, "La educación de los niños mentalmente anormales". Estas producciones intelectuales tuvieron incidencia directa sobre las escuelas primarias y de anormales en Cundinamarca y Antioquia, bien desde las formas de selección y clasificación de los niños anormales, desde las pautas de observación y de enseñanza brindadas a los maestros y maestras, o desde la posibilidad de sistematizar el funcionamiento o la historia de las escuelas especiales.[18]

El servicio médico escolar de Antioquia es creado en 1923 por Ordenanza 8, y sobre el servicio de Cundinamarca no tenemos dato alguno de su fundación, pero sí de su funcionamiento (Suárez, 1926). En Antioquia la inspección médica de las escuelas del departamento estaba a cargo de tres médicos, uno ubicado en Medellín y los otros dos en las demás provincias escolares. Sus funciones comprendían el examen y tratamiento de los alumnos y maestros de la enseñanza primaria y demás servicio médico-escolares, la enseñanza de la higiene, de la antropometría y de la observación escolar en las escuelas normales.

Después de hacer visibles en forma somera algunos de los espacios institucionales donde circuló, se apropió y se institucionalizó la educación de anormales, es necesario describir las condiciones de posibili-

---

18. Estas producciones teóricas merecen un análisis discursivo profundo para intentar identificar las relaciones entre las escuelas normales, la formación de maestros y los procesos de institucionalización de la pedagogía de anormales. Al mismo tiempo, podría constituirse en el insumo básico para construir una historia comparada de la "educación especial" en las escuelas normales en Colombia con efectos transformadores en el presente.

dad discursivas o conceptuales que facilitaron su apropiación.

La apropiación de la pedagogía activa experimental

Como se aseveró anteriormente, a principios del siglo XX se apropian en Colombia distintos saberes modernos. La mayoría de historiadores de la educación y la pedagogía en Colombia se han puesto de acuerdo en este acontecimiento. La introducción de estos saberes es una condición para que la pedagogía de anormales tuviera un estatuto de cientificidad. Los saberes modernos en los que se sostenía la pedagogía de anormales fueron las "criminologías positivistas", la biomedicina, la psiquiatría, la psicología experimental, la pedagogía activa de corte experimental y la moral católica.

El armazón *científico* de base estaba constituido por el positivismo, por las teorías sobre la evolución de las especies, la degeneración racial, el desarrollo del niño, sobre las anormalidades mentales y pedagógicas, los métodos activos de enseñanza, de corrección y de terapéutica. Cada saber se articuló mediante variadas nociones que compartían el mismo suelo epistemológico: la *epistème* experimental (Saldarriaga, 2003, 71). De lo racional se cambió hacia lo experimental. El método experimental de Claude Bernard y el positivismo evolucionista de Darwin y Spencer sostienen, en un mismo gesto, los saberes que legitimaron la pedagogía de anormales, la cual es *experimental* y *moderna* desde el mismo momento de su apropiación.

Los estudios citados por los pedagogos especialistas, maestros de anormales y médicos (generales y escolares) demuestran un alto conocimiento de los saberes modernos. La red de nociones que sustenta las prácticas tienen un fundamento experimental: evolución, herencia, adaptación, aptitud, capacidad, medición de la inteligencia, educación para la vida y el trabajo, etc. Las instituciones de anormales siempre intentaron sostenerse en una organización "científica", es decir, moderna y experimental. Por tal motivo partían de una clasificación de los anormales o retrasados, de su diagnosis, para poder establecer el régimen médico-pedagógico, correccional o terapéutico, acorde con las necesidades, limitaciones y retrasos identificados. El orden de la ciencia positivista somete el orden de la práctica pedagógica.

Sáenz, Saldarriaga y Ospina (1997) sostienen que la educación de anormales es uno de los espacios de apropiación de la escuela activa en Colombia. En esta investigación sostenemos que la escuela activa es condición de posibilidad para la pedagogía de anormales. La razón es básica: cuando los médicos modernos de principios del siglo XX construyen una imagen del pestalozzianismo como un método pasivo y como una pedagogía tradicional y comienzan a incorporarse las prácticas de *enseñanza activa*, en la casa de menores se efectúa una reforma educativa que apropia la educación de anormales en tanto *pedagogía activa experimental*.

La pericia criminológica-biomédica-pedagógica entre delincuente y anormal

En la Casa de Menores y Escuela de Trabajo San José, se efectuó una "pericia criminológica-biomédica-pedagó-gica" que homologa las nociones "menor delincuente" y "anormal". El concepto *criminal* o *delincuente* apropiado en Colombia, que se construyó entre la antropología criminal y el Derecho penal italiano de finales del siglo XIX y princi-pios del XX, sirvió como una de las condiciones de posibi-lidad para la apropiación del discurso sobre la *pedagogía de anormales*. Este acontecimiento permite plantear una distan-cia con el lugar común que explica el nacimiento de este discurso en Occidente (el cruce entre la institucionalización de la instrucción pública, obligatoria, laica y gratuita, un conjunto de prácticas e instituciones filantrópicas, y los múltiples procesos de industrialización).

La "criminología clásica" desde el siglo XVIII hasta mediados del XIX estaba fundamentada en el iluminis-mo, en el liberalismo y el utilitarismo, en el derecho na-tural, en la teoría del contrato social (Hobbes, Montesquieu, Rousseau), en la necesidad de proteger la naciente propiedad privada de las clases burguesas y en la imposición de "penas" puntuales para determinados "delitos". El delito es una entidad jurídica que consiste en una infracción, la cual se graduaba según la viola-ción de la propiedad, del bienestar individual o del bien-estar del Estado. El *contrato social* implicaba asumir im-plícitamente el conjunto de leyes sociales; en tal sentido, romperlas, infringirlas, quebrantarlas, se entendía como un atentado contra sí mismo y contra la sociedad en su conjunto. La pena emerge para reducir y prevenir los actos delictivos, es decir, la ruptura del "contrato social".

Tantas penas como delitos existieren: el juez administraba la pena no contra un "acto" o una "persona" sino contra un delito en abstracto. En este sentido las penas se distribuyen conforme a un derecho infringido. Los derechos son la base real y jurídica del contrato social, romperlo trae consigo una pena y un castigo. El delincuente es un ciudadano que contraviene un derecho, *"[...] es un hombre normal dotado de las mismas capacidades y oportunidades que los demás hombres, y no puede ser responsable sino cuando se comprueba su libertad de determinación moral"* (Molina Arrubla, 1994, 153).

El ejercicio de un poder disciplinario sobre la imagen de la pena que se producía en la generalidad de las poblaciones incide en la prevención y previsión del delito, en la restitución del orden social y moral de los afectados por el acto delictivo. La práctica punitiva no estará centrada en la visibilidad exuberante del castigo corpóreo (signo de las "prácticas supliciantes" del poder soberano y la sociedad de soberanía del rey), sino en la imagen de castigo incorpóreo producida por el encierro de quien comete un delito: el delincuente. El encierro generalizado de las prisiones se fija en esta práctica en la medida que priva de la libertad: nuevo derecho irrefutable de todo ciudadano. Pero, prontamente se extiende sin control como pena contra la mayoría de actos delictivos.

La "criminología positivista" se alza contra la mayoría de los postulados de la "escuela clásica", configurando un sistema de pensamiento distinto sobre el criminal, el delito y la pena o castigo. Al sostenerse en el positivismo, incorpora a la empresa criminológica inaugurada por los "clásicos" todo el armazón técnico-científico-filosófico basado en el método científico, en lo empírico y práctico, en lo experimental y su aplicación inmediata. Lo real, lo positivo, lo orgánico, lo cuantificable, lo medible, cobran vitalidad en la criminología de finales del siglo XIX y comienzos del XX.

> El positivismo hizo girar la criminología exclusivamente en torno al hombre, tratando de distinguir entre un hombre "normal" y un hombre "anormal" o "peligroso". Dentro de él, una tendencia plantea la criminología como una actividad científica dirigida a la investigación de las causas biológicas, antropológicas, psiquiátricas y psicológicas del delito. Entre sus sostenedores antiguos destaca Lombroso [...] La otra, si bien pone su acento en lo social, lo hace en tanto que oposición entre sociedad y hombre delincuente, trata de caracterizar y señalar los factores sociales de la actividad criminal como forma de distinguir al "normal" del "anormal", del peligroso social. También es de antigua tradición y con ilustres sostenedores en la historia de la criminología, como Quetelet, Ferri[19] [...] (Bergalli, Bustos y Miralles, 1983, 19).

---

19. Pero, además de estas tendencias se puede identificar una tercera, representada por las miradas psicológicas o de la personalidad, cuyo principal representante sería Rafael Garófalo.

Con estas criminologías positivistas se inaugura un concepto sobre "el criminal", apareciendo —por una ingerencia o ejercicio de *lo positivo*— como anormal, como peligroso social. Las "clases trabajadoras" serán diferenciadas de las "clases peligrosas", ecuación que imperaba en las teorías psiquiátricas, sociológicas y criminológicas de mediados del siglo XIX. Las primeras serán entendidas como "socialmente útiles", engranables en la maquinaria de producción capitalista, en los procesos de industrialización y enriquecimiento burgués; las segundas pasarán a verse como producto y productoras de enfermedad social, degeneración, inseguridad. El "criminal" es, pues, homologado con los peligrosos sociales, salvajes, inmaduros. La peligrosidad del delincuente sería demostrada con el *método científico* al momento de establecer sus *causas* y *factores* (individuales y colectivos), el cual permitió sostener que la delincuencia y el delito son realidades, fenómenos, hechos *naturales*. Así pues, la naturalización del criminal se sostuvo en un paradigma epistemológico de tipo *etiológico* (Pavarini, 1983, 44), asumido por el saber criminológico en el marco de su transformación en ciencia positivista.

> En la búsqueda de la cualidad que hace distinto al desviado de la mayoría observadora y conformista, la criminología positivista no pudo escapar a la tentación de explicar en términos ahistóricos y apolíticos la criminalidad en la medida en que asume la adhesión a los valores sociales dominantes como naturales. Lo diverso debía ser buscado en el criminal mismo, en su naturaleza biopsíquica, en su carácter, en su historia personal. La

> *patologización del criminal* encontró en esta reducción su
> fundamento epistemológico (ibíd., 46)

Esta criminología intentó explicar —en mayor medida— el delito como conducta anormal desde un referente evolutivo, progresista, determinista y biológico. Se comprometió con establecer las leyes naturales (determinismo de causa-efecto) del comportamiento criminal, para lo cual se servía de una homologación básica entre criminal-anormal-degenerado-irracional y de un método positivista de diagnóstico, es decir, de una etiologización de la criminalidad y del criminal. El delito es síntoma de malestar social, de enfermedad social, reducido a lo individual; por tanto *puede* establecerse con la aplicación de un examen que identifica sus causas, factores y características. Deja de ser una categoría abstracta referida a la infracción del contrato social por parte de un ciudadano (por de menos considerado como "normal"), pasando a constituir anormalidad natural en lo moral, lo biológico, lo psicológico y lo social.

El delito, sintéticamente, deviene como manifestación morbosa determinada por la estructura y funcionamiento biológico del individuo criminal. *"La criminalidad se envilece en patología individual; esta en biología natural"* (Pavarini, 1983, 51). Además, al crimen se le atribuye el carácter de irracionalidad, de negatividad, justificando de esta manera las reacciones de protección y defensa social. Esta concepción del "delito", de "criminalidad" o de "crimen" fue predominante en la criminología positivista de finales del siglo XIX y principios del XX, impregnada, sin duda, por un *determinismo biológico racista*. En la escala evolutiva de las especies, el criminal estaría ubicado junto a las bestias, a las razas inferiores e irracionales. Determinismo que se acentúa con el establecimiento de leyes universalizables sobre el comportamiento humano, leyes en donde *la cantidad* o lo cuantitativo adquiere una vital significatividad.[20]

A pesar de esta reducción del acto delictivo a lo "biológicamente patológico", el objeto de la ciencia criminológica positivista (la criminalidad misma) estuvo doblemente limitado: por un lado, a través de las demarcaciones penales sobre la criminalidad en relación con una norma legal, y por otro, mediante las instituciones carcelarias, las correccionales, los manicomios o las comisarías de policía. De esta manera se aprecia una subordinación de la criminología al Derecho penal. No obstante, la ciencia criminológica dotará de legitimidad científica, experimental, social, y de una supuesta neutralidad, a las reacciones sociales contra los criminales (bien sean individuales o colectivas).

---

[20] Para ampliar sobre la importancia de la cuantificación del comportamiento en la criminología positivista, ver Taylor, Walton y Young (2001), pp. 29 y ss. Estos autores sostienen que el carácter de "ciencia positivista" lo adquiere la criminología por las vías de la "cuantificación", el "determinismo" y la "neutralidad". Tanto así que plantean que *"la 'búsqueda de la objetividad' en el positivismo se reduce a propugnar la medición de las patologías individuales y las circunstancias patógenas: esa objetividad supone contar la cantidad de individuos desviados"* (op. cit., 39); o cuando postulan que *"para poder estudiar científicamente el comportamiento humano, este debe ser similar al mundo no humano, debe estar dominado determinísticamente por reglas semejantes a leyes, debe ser cosificado, es decir, tener las cualidades de las 'cosas'"* (ibíd., 41).

> Ahora ya todo lo que se refería al control social (a la legislación en materia penal, a la actividad de la policía, al funcionamiento de las instituciones carcelarias, etc.) podía evitar el riesgo de una *crítica política* (la crítica podía incluso ser sólo de tipo *técnico*) en cuanto que el positivismo criminológico, a través de su método científico, eliminaba los errores, negaba toda arbitrariedad, creía sólo en la objetividad de los hechos y no en la subjetividad de las opiniones. Y es por eso comprensible por qué la ciencia criminológica positivista tomó prestado el lenguaje de la *ciencia médica*, por qué el criminal fue considerado como *enfermo*, el método criminológico como *diagnóstico*, la actividad de control social como esencialmente *terapéutica* (Pavarini, 1983, 52).

La sociedad como organismo, como cuerpo, deberá defenderse de sus elementos enfermos, de las partes anormales y anómalas. La defensa social contra el crimen se materializa en el sistema penal, legitimando los intereses de las clases dominantes, del *status quo* social. Si los criminales son anormales, peligrosos sociales, son representantes fieles del "mal"; como contraposición, las políticas criminales y penales que protegen al cuerpo social son representantes del "bien". La represión y el control esgrimidos por el sistema penal, basado en las conceptualizaciones de la criminología positivista, instauran un tipo de funcionamiento terapéutico en los métodos e instituciones de castigo. Las cárceles, los manicomios carcelarios, las *correccionales*, adquieren una función correctiva terapéutica bien de restitución de la normalidad al criminal o bien de conducción sistemática hacia un estado normal aceptable para el consenso social o, en todo caso, de reducción de la criminalidad.

La defensa criminológica contra los peligrosos sociales se acopla en los saberes biomédicos positivistas.

> Si existen las causas de la criminalidad, es cierto que una vez eliminadas éstas se elimina también el fenómeno. Pero habiendo reducido su interés sólo a las causas individuales, o sea las que se pueden buscar en la historia biográfica del criminal, la eliminación de los factores criminógenos tiende a envilecerse por una *terapia* también *individual*. Si la diagnosis de la criminalidad es en efecto de tipo individual, individual será igualmente la terapia. El criminólogo positivista vestirá así los trajes de médico, de psiquiatra, de pedagogo. La cárcel y el manicomio criminal, que habían sido hasta este momento el lugar privilegiado de la observación científica del criminólogo positivista, se convertirá también en el ambiente privilegiado de sus experimentos, su laboratorio. Los *detenidos*, objetos empíricos de sus estudios, se transformarán, entonces, en *cobayos*, en los *pacientes* de sus *terapias* (Pavarini, ibíd, 104).

Hasta este punto, pudimos observar varias discontinuidades en una historia crítica del saber criminológico: el paso de una concepción del criminal como ciudadano que infringe la ley y el derecho por libre albedrío hacia el criminal como anormal, degenerado, peligroso social; del delito como abstracción e infracción al contrato social hacia el delito como conducta anormal, degenerada, comportamiento peligroso naturalizado, cuantificable, observable, *positivo*; y de la pena, el encierro, la multa... como castigo específico para un delito hacia la terapia y la curación como reacción de prevención y defensa social contra la peligrosidad del delincuente. Cada una de estas transformaciones se mueve en terrenos epistemológicos, científicos, filosóficos y sociales diferenciados. En conjunto demuestra la "ruptura" de la criminología positivista con la teoría clásica criminológica.

Durante las tres primeras décadas del siglo XX en Colombia la delincuencia y el delito serían entendidos en los términos de la criminología positivista. El delincuente es un *degenerado* y un *anormal,* incluso contrariamente a lo planteado por la legislación penal de la época sobre el "anormal". El Código Penal de 1890 estaba sustentado en la Criminología clásica, así como el código de Cundinamarca de 1837. El de 1936 introduce totalmente la criminología positivista (aunque se percibe más bien una hibridez de las distintas ciencias penales y criminológicas). Entre ambos Códigos existe una diferencia radical en lo que concierne a los "anormales": el primero los exime de toda responsabilidad moral debido a su irracionalidad y el segundo los reviste de responsabilidad social en tanto individuos de la sociedad, más aún, en tanto peligrosos sociales.

Hernando Escallón (1942), en su tesis de grado en la Facultad de Ciencias Jurídicas y Económicas de la Pontificia Universidad Javeriana, analiza el régimen jurídico de los anormales en los códigos penales de 1890 y 1936. En el primero, el artículo 29 profiere que el anormal es excusable de toda posible culpa cuando comete un delito puesto que la facultad de determinarse libremente se encuentra limitada por su anormalidad mental.

> La libre determinación, condición indispensable para responder en juicio criminal, exige como cuestión fundamental que la voluntad humana sea capaz de escoger entre el bien y el mal; cuando la persona que ha transgredido la ley positiva, lo ha hecho sin responsabilidad moral, no hay lugar tampoco para la responsabilidad legal-penal consiguiente, ya que precisamente lo que condiciona el delito, es "la violación maliciosa o intencional de la ley", violación e intención que no pueden ser posibles, ni pueden concebirse en una persona que no pudo determinarse libremente, v. g. como en los anormales (Escallón, 1942, 28).

En el segundo, el mismo artículo 29 plantea todo lo contrario. "*[...] quien en el momento de cometer el hecho se encontrare en estado de enajenación mental, o padeciere de grave anomalía psíquica, será sancionado, con las medidas fijadas en el artículo 2º Título III del mismo libro*" (ibíd., 36). Las "medidas" eran las siguientes: reclusión en un manicomio criminal o colonia agrícola especial, libertad vigilada, trabajo obligatorio en empresas u obras públicas, o prohibición de concurrir a determinados lugares públicos.

Es necesario aclarar que este *anormal* corresponde al objetivado por el saber psiquiátrico, es decir, el enajenado mental, el demente, los locos, los individuos psíquicamente anormales. Es el doblez del concepto anormal: el *delincuente como un anormal* y el *anormal excusable* —primero— y *responsable* —después—. Mientras la legislación hablaba sobre una cosa, las conceptualizaciones criminológicas lo hacían sobre otra. Mucho más, las prácticas discursivas incrustaban sus conceptos desde otros ángulos en la vida institucional. En todo caso, Cesare Lombroso y Enrico Ferri servían como soporte a las reflexiones, explicaciones y propuestas criminológicas contra la delincuencia y los delincuentes colombianos de principios de siglo.

En la obra del médico y criminalista Jorge Bejarano (1929) encontramos una muestra fehaciente de la homologación entre niño delincuente-anormal. En su libro *Delincuencia infantil y profilaxis del crimen* localizamos tres formas en que aparece la *pericia criminológica–biomédica–pedagógica*. Primero, en tanto sostiene que la diferencia entre el psiquismo del niño y el del adulto permite comprender la necesidad de realizar un estudio analítico del niño para juzgar científicamente sus actos y de esta manera entender que *"[...] esa diferencia basal y sustantiva es la que ha conducido a la bella realidad de tantas obras que en otros países han traído como consecuencia la regeneración del niño delincuente o anormal"* (Bejarano, 1929, 16). Segundo, cuando clarifica el soporte de la medicina para la objetivación del delincuente, es decir, cuando afirma que *"[...] la medicina social trata de hacer prevalecer el concepto de que los criminales son anormales"* (ibíd, 12). Tercero, cuando introduce la concepción *psiquiátrica* sobre la enfermedad y la contrapone al significado asignado tanto por la *medicina experimental* como por el individuo culto o el analfabeta. De hecho, ancla la enfermedad mental a lo orgánico:

> [La enfermedad] se oculta a veces bajo signos de tal manera humanos, de tal manera naturales, que se deja ignorar. Se toman así, por anomalías de la naturaleza y del destino, síntomas morbosos. No se piensa muchas veces que una manifestación psicológica puede depender de una alteración orgánica. ¿Cuántas veces una lentitud intelectual, un atraso escolar no están bajo el domino de una lesión cerebral? ¿Cuántos padres de familia que aquí me escuchan se sentirán perplejos si se les dijera que la pereza, la ociosidad, la ignorancia, la indisciplina o la delincuencia de sus hijos no son sino la expresión de una enfermedad, en las que la psicoterapia o la clínica pueden más que las exhortaciones coléricas o que los castigos de los padres? Estar enfermo, no es solamente tener una angina, una gripa, una fiebre tifoidea. Es también ser retardado en la inteligencia, ser turbulento, distraído, inestable, malo, cruel o delincuente (Bejarano, 1929, 17).

Las teorías criminológicas positivistas (casi en su totalidad) impregnaban no solamente las tesis y los artículos de revistas de médicos y juristas que reflexionaban sobre la delincuencia y los delincuentes, sino que también se distribuían superficial y eficazmente a través de las instituciones correccionales (casas de corrección y escuelas de trabajo o reformatorios) e instituciones carcelarias, con sus conceptos, sus observaciones, sus prácticas de corrección y castigo, sus reglamentos, sus técnicas de registro.

En esta medida, la Casa de Menores y Escuela de Trabajo San José es un *espacio de confluencia* entre la criminología positivista y la pedagogía de anormales. Entender los "delincuentes" como "anormales" es una pericia y una bisagra para apropiar una "pedagogía de anormales" que sirvió como "programa" científico moderno y modernizador para la corrección de conductas y comportamientos delictivos, para la regeneración de la raza, para la utilización o incorporación productiva de los delincuentes en la maquinaria de producción, para la normalización de la infancia y la adolescencia, en fin, para la defensa del organismo social. Además, la introducción de la educación de anormales incorporaba un principio de humanización de la pena o la sanción, un viraje a lo educativo científicamente argumentado y una estrategia de defensa y protección de la sociedad.

Sin embargo, la educación de los niños anormales no solo se restringió a los *menores delincuentes*. Prontamente, su campo de intervención y objetivación conceptual cobijaba distintos sujetos, nuevos objetos, prácticas, técnicas e instituciones. Se delimitarían, pues, un conjunto de definiciones sobre el "anormal", "la infancia anormal" o los "niños anormales" que se distancian sutilmente del referente antropológico criminal[21] para incluir y para incorporarse en conceptualizaciones basadas en unos referentes biomédicos, psiquiátricos, psicológicos y pedagógicos.[22]

---

21. Es necesario aclarar que este referente no será excluido totalmente de la pedagogía de anormales, sino que será desplazado del centro y reincorporado, pero convertido en punto de la red conceptual e institucional que sostiene el funcionamiento de este discurso. Para confirmar esta apreciación, remitirse a Juan Antonio Marín Castaño (1992).

22. Este punto se ampliará más adelante en el capítulo cuatro, en el apartado de "Sujeto a formar", cuando planteemos algunas de las diferentes formas de clasificación de los niños anormales.

La reforma de la Casa de Menores y Escuela de Trabajo San José

La Casa de Menores y Escuela de Trabajo San José (Fontidueño, Antioquia) se erigió como modelo de las demás instituciones de esta índole en el resto del país después de la reforma educativa de la década de 1920. La Ley 98 de 1920 ordena que los departamentos de la República de Colombia creen casas de menores para aliviar el creciente problema de *delincuencia juvenil*. Todos los departamentos tenían altos índices de criminalidad (Pérez Hernández, 1922). La preocupación nacional por los delincuentes, aunada al problema de la degeneración de la raza, fortalece la organización de estas instituciones de control y corrección, las cuales se basaron en la Casa de Menores de San José.

> Leyendo atentamente el boletín que se publica con gran regularidad como órgano de la Casa de Menores de Fontidueño, he hallado allí estudios y observaciones del mayor interés desde el punto de vista de la psicología infantil y que demuestran que esa casa funciona bajo el cuidado de un director y de un médico que son hoy especialistas en neuro-psicología infantil que nada tiene que envidiar a los mejores que yo conocí en Bélgica y Suiza. El reglamento de la casa; las labores a que se dedican los niños; el hábito de ahorro que allí se les inculca; la manera como se les estimula en el trabajo; todo eso, digo, ha sido para mí una revelación que yo a mi vez denuncio a todo el país para que imiten ese ejemplo sin par que nos da el departamento donde todo es prosperidad, orden y trabajo (Bejarano, 1929, 30).

La reforma educativa de la década de 1920 fue liderada por don Tomás Cadavid Restrepo. Este filólogo, historiador, pedagogo de anormales y pedagogo activo, fomentó la introducción de la pedagogía de anormales en Colombia. La casa de menores retoma como espacio de procedencia conceptual e institucional los desarrollos de las escuelas de anormales de Europa y Estados Unidos. La reforma plantea la necesidad de humanizar el trabajo correctivo de la casa de menores, de romper con el régimen militar que imperaba desde su fundación en 1914 y de contribuir a la regeneración de la raza y al incremento de la productividad de las regiones y la nación.

Apoyada en una *pericia* que homologa el menor delincuente con los niños anormales, la reforma educativa en la casa de menores se inscribe en el marco específico de una educación y enseñanza activa, y en el marco general de un proceso de medicalización y normalización de la *población degenerada*. La educación es introducida como tratamiento, terapéutica y curación de las anormalidades mentales, corporales y morales en tanto contrapropuesta al castigo corpóreo generalizado y sostenido sobre un *régimen militar*.

> [...] Que la Casa de Menores tuviera ante todo un carácter educativo; que a esos jóvenes allí detenidos se les curase en el alma y en el cuerpo, porque ellos son ante todo mal educados o enfermos y víctimas del mal medio social en que se han criado, y sus faltas son por lo tanto de una responsabilidad atenuada. Sabia y hermosa orientación esta de educar antes que castigar, de prevenir el delito antes de abrir las puertas del presidio; caritativa tarea esa de hacer llegar un rayo de luz amorosa al fondo de las almas entenebrecidas por la ignorancia; científico empeño es el estudiar al joven en todas sus facultades y tornar-

> lo, mediante un régimen clínico-pedagógico, hombre
> apto para la lucha y capaz de ser en la sociedad una uni-
> dad utilizable (Cadavid y Velásquez, 1921, 9).

En última instancia, ese era el principal cometido de la pedagogía de anormales: civilizar al salvaje, al criminal, al anormal, para beneficio de la sociedad; educar en el trabajo para disminuir las cargas económicas generadas al Estado; producir una subjetividad productiva; domesticar y docilizar los cuerpos, mentes y espíritus *biológicamente* anómalos.

Prontamente el cambio educativo de la Casa de Menores de Fontidueño se difundió como una experiencia exitosa de corrección y tratamiento de jóvenes delincuentes y de niños anormales. Los reportajes de periódicos y revistas locales no se hicieron esperar. Este es el caso de *El Gráfico,* en donde uno de sus reporteros, Ricardo Zapata (1925, 531), describe una visita a la institución en los siguientes términos:

> El método correccional seguido en la Casa de Menores
> está basado como hemos dicho anteriormente, en el estu-
> dio cuidadoso de los muchachos para buscar la causa de
> su perturbación mental y, encontrada, proceden al trata-
> miento; los tarados por infecciones verminosas, luéticas
> heredo-alcoholismo, se tratan por medio de medicación
> específica únicamente o asociada con preparaciones
> opoterápicas, especialmente tiroidiana, en los que sufren
> desequilibrios de las glándulas de secreción interna. Los
> anormales sin lesión clínica apreciable se corrigen con la
> educación y el estímulo; el terror, la dureza, los medios
> brutales, que lejos de corregir estimulan los malos instin-
> tos, han sido abolidos de una manera absoluta y es sor-
> prendente que en la casa no se ve el uniforme de un guar-

> dia; más parece un taller particular o una sección de una
> pequeña granja [...]

La casa de menores es objetivada como institución médica y pedagógica, terapéutica y correctiva, profiláctica y de enseñanza especial y activa. A pesar de los discursos científicos, la casa mantenía las prácticas implementadas en reformatorios y correccionales, es decir, continuaba su nexo con las instituciones carcelarias de protección de la población, del organismo social y del Estado. No obstante, los saberes modernos permitieron redireccionar "científicamente" la organización interna, las prácticas, las técnicas y los sujetos de la casa de menores.

El proceso de apropiación e institucionalización de la pedagogía de anormales en Colombia implicó la materialización de unas prácticas de disciplinamiento y cientifización sobre el otro, entendido como anormal. La *alteridad* en educación y pedagogía es capturada intensamente por los saberes modernos (los experimentales más que los sociales), codificándola desde lo legítimamente moderno, desde lo científicamente permitido. El efecto-interés normalizador no se hizo esperar, aparece en escena desde el momento mismo del surgimiento histórico de la educación de anormales. Estos rastros de la diferencia transitaron obligatoriamente por la medicalización, la normalización y la cientifización de la sociedad, del sujeto, de la vida misma. Aparece sin duda alguna, la naciente infancia anormal y el discurso pedagógico que la produce, la objetiva, la modela, la interviene y la reproduce. Anormalidad y pedagogía se anclan mutuamente hasta los albores de nuestros días.

CAPÍTULO IV
HORIZONTE CONCEPTUAL Y TECNOLOGÍAS MÉDICO-PSICO-PEDAGÓGICAS EN LA PEDAGOGÍA DE ANORMALES[1]

La educación de anormales se ubica en un lugar estratégico en el conjunto de discursos y prácticas encargadas de delimitar y diferenciar *lo anormal* y *lo normal*. La biomedicina, la antropología criminal, la psicología, la biología, la psiquiatría, son algunos de los discursos que se han encargado de plantear límites, fronteras, bordes, orillas o márgenes en la construcción social que llamamos normalidad y anormalidad. Georges Canguilhem (1978) y Michel Foucault (2001) han planteado las diversas maneras como se constituyó el con-

1. Segunda versión de "Horizonte conceptual y tecnologías médico-psico-pedagógicas de la pedagogía de anormales en Colombia: 1920-1940", en: revista *Educación y Pedagogía,* Vol. XVII, N° 41, Facultad de Educación, Universidad de Antioquia, ene-abril, 2005, pp. 55-68.

cepto "anormal", los sentidos que se le otorgaron, las disciplinas que tuvieron ingerencia en su delimitación, la presencia del poder en su proceso de conformación. Dicha caracterización prescinde de mencionar la forma como la "pedagogía de anormales" jugó un papel central en ese proceso de invención.[2] Por consiguiente, es indispensable identificar los horizontes conceptuales y el funcionamiento técnico-instrumental del discurso pedagógico sobre la infancia anormal en el caso colombiano.

Horizonte conceptual
de la pedagogía de anormales

La educación o pedagogía de anormales en Colombia tuvo dos objetos principales de saber: las anormalidades infantiles, los niños anormales o la infancia anormal y la enseñanza especial o enseñanza para anormales. El primer objeto, los niños anormales, es heredado de la psiquiatría, la biomedicina experimental, la criminología positivista, la psicología experimental y la pedagogía de anormales europea y estasdounidense,

---

2. Esta omisión se encuentra incluso en el último capítulo de *Los anormales* (2001), titulado "Clase del 19 de marzo de 1975". En la introducción del capítulo, Michel Foucault avisa que *"Había empezado prometiéndoles hacer la genealogía del anormal a partir de tres personajes: el gran monstruo, el pequeño masturbador y el niño indócil. A mi genealogía le falta el tercer término; tengan a bien disculparme por ello [...] Dejemos con una línea de puntos su genealogía, porque no tuve tiempo de hacerla [...] el indócil o, en todo caso, el inasimilable al sistema normativo de educación"* (269). Nosotros intentamos construir una pequeña genealogía de la *infancia anormal* en Colombia desde los procesos de apropiación e institucionalización de la *pedagogía de anormales*.

constituyéndose en uno de sus rasgos característicos, permitiendo percibir una diferencia singular entre la *pedagogía de anormales* y la *pedagogía activa* en Colombia (a pesar de sus cercanías). Pero, al mismo tiempo, la infancia anormal mantiene cerca de esta pedagogía de anormales de las prácticas correctivas de las casas de menores y de corrección, las escuelas de trabajo, las colonias escolares y penales; en otras palabras, este objeto discursivo mantendrá circulando la "educación de anormales" por estas instituciones del saber criminológico y posibilitará la delimitación interna de un campo disciplinar. El segundo objeto, la enseñanza para anormales, es el enunciado más intrincado e interior de esta práctica discursiva, el cual le permitió comunicarse con otros saberes e instituciones de la época, convirtiéndose en el punto de cruce con discursos científicos y con objetivos políticos, moralizadores o "higienizadores", con técnicas o instrumentos de medición e, incluso, articularse con una "estrategia de profilaxis social" y un "dispositivo de higienización" de principios del siglo XX.

Es necesario describir estos dos objetos de saber —con historicidad propia y singular en el saber pedagógico— para poder entender el funcionamiento discursivo de la educación de anormales. En este apartado se retoma el trabajo de Óscar Saldarriaga (2003) sobre el horizonte conceptual de la pedagogía pestalozziana, para circunscribir o delimitar el horizonte que corresponde a la pedagogía de anormales en Colombia durante las décadas de 1920 y 1940. Para tal efecto se describen las concepciones de sujeto a formar, escuela, fines educativos, conocimiento y aprendizaje, lenguaje, maestro y médico escolar. Estas concepciones tienen múltiples cruces y cercanías con las descritas para la pedagogía o escuela activa (Sáenz, Saldarriaga y Ospina, 1997; Sáenz, 1997, 1999; Saldarriaga, 2003). Posteriormente, se explicará el funcionamiento de los mecanismos o tecnologías de poder que materializan el discurso de la pedagogía de anormales.

Concepciones de sujeto a formar

El sujeto que se pretendía formar estaba representado en la figura del europeo o estadounidense: varón, blanco, trabajador, saludable, disciplinado, culto, civilizado. La pedagogía de anormales pretendía transformar al niño anormal en un *"[...] hombre apto para la lucha y capaz de ser en la sociedad una unidad utilizable"* (Cadavid y Velásquez, 1921, 9). Unidades utilizables con capacidad para autosostenerse y autovalerse en la sociedad. Elementos productivos que contribuyeran con los ideales de progreso del Estado. El hombre a formar es el inverso perfecto de lo degenerado, lo anormal, lo salvaje, lo instintivo. Todo aquello que no representaban los niños anormales.

Esta concepción de hombre se encuentra delimitada por la psicología experimental, moderna o "instrumentalista" de finales del siglo XIX y principios del XX, al decir de Georges Canguilhem (1998). El hombre es instrumento de los órganos, por tanto debe serle útil. El utilitarismo impregna esta psicología del comportamiento y de la reacción biológica. La biología fundamenta el estudio biométrico de las aptitudes, es decir, la *psicometría*. Al biologizar la inteligencia, la mente, el pensamiento, las aptitudes, las capacidades... se puede incluir el esquema de medición y cálculo de fenómenos naturales proveniente de la física y la química modernas. Valga aclarar que biologizar es "naturalizar". Estas mediciones establecidas mediante técnicas e instrumentos científicos instauraron completamente la visión utilitarista del hombre: utilidad del hombre para el instrumento y para la sociedad. El examen pericial generalizado establece la 'utilidad' del hombre.

En la pedagogía de anormales la psicología experimental-utilitarista condiciona, en parte, el límite u horizonte del hombre a educar: utilidad, instrucción, educación, enseñanza para un arte u oficio. Aunque la psicología utilitarista prescinda de una visión filosófica de hombre, en el horizonte conceptual de la educación de anormales se constituye como portadora de una concepción utilitarista del hombre a formar mediante las prácticas de enseñanza y métodos de corrección.

Se delimitará un conjunto de definiciones sobre el anormal, la infancia anormal o los niños anormales, que se distancian tenuemente del referente antropológico criminal (el delito, la infracción como desviación, como conducta anormal) para incluir e incorporar conceptualizaciones basadas en un referente pedagógico, psicológico, biomédico y psiquiátrico. A continuación observaremos varios ejemplos que muestran este desarrollo del proceso de medicalización de la infancia, la pedagogía y la sociedad.

En el informe de 1921 de la Casa de Menores y Escuela de Trabajo San José, don Tomás Cadavid Restrepo (pedagogo, filólogo, director de la casa) y David Velásquez (médico general de la misma), asumían entre otras las siguientes definiciones biomédicas y psicológicas sobre *anormal*: *"Se entiende por anormal todo individuo que en su conjunto psico-orgánico presenta cualquier perturbación que lo distingue del tipo común, medio o normal"* (Cadavid y Velásquez, 1921: 39).

Por su parte, Senén Suárez (1926), doctor en Medicina y Cirugía de la Universidad Nacional de Colombia y miembro del Servicio Médico Escolar de Cundinamarca, establecía en su tesis de doctorado unas definiciones y clasificaciones que agrupaban, condensaban, todos los referentes conceptuales que objetivaron las "anormalidades infantiles". Por *anormal* definía: *"[...] viene de* ab, fuera *y* norma, regla. *En sentido general, indica lo que está fuéra de la regla ordinaria. Dentro de esta acepción pueden caber todos los estados patológicos del ser humano, sean transitorios o permanentes, locales o generales"* (Suárez, 1926, 12). Esta visión biomédica encaja con los postulados que desde Broussais (XVIII) hasta Bernard (XIX) imperaron en el lenguaje biomédico, los cuales consideran como *anormal* todo aquello que se desvíe cuantitativamente de la *media* (*cfr.* Canguilhem, 1978).

Basado en este concepto formula una clasificación que permite aseverar que la mirada de la pedagogía de anormales tiene un fuerte componente biológico positivista, en el cual se fundamenta para legitimar sus prácticas y validez social, y que al mismo, en el desglose de la clasificación se aprecia la afiliación de los distintos referentes conceptuales.

> Nosotros, al abordar este estudio, inspiramos nuestro criterio en las razones siguientes:
>
> 1°. El mundo de las anormalidades abarca la dualidad humana, es decir, se halla tanto en el espíritu como en el cuerpo;
>
> 2°. La anormalidad del cuerpo no queda comprendida en la idea que actualmente tenemos de enfermedad y afección;
>
> 3°. Tampoco puede contarse la misma anormalidad entre las monstruosidades que despiertan otra idea; y
>
> 4°. Hay individuos que son anormales a la vez del espíritu y del cuerpo.
>
> Por tanto, nos permitimos formular "[...] *sin alejarnos esencialmente de las autoridades sobre la materia, la siguiente clasificación, que, además de ser sencilla, se amolda a un fin didáctico: 1°. Anormales somáticos; 2°. Anormales psíquicos; y 3°. Anormales somato-psíquicos. Entre estos tipos hay otros intermedios, porque todos tienen distintos puntos de contacto entre sí, lo mismo que con la enfermedad y con la afección*" (Suárez, 1926, 14).

En las páginas siguientes de su tesis doctoral Suárez se encargará de ejemplificar y hacer visibles a los ojos de los maestros, los alumnos, los directores de educación, las familias, etc., toda una "galería de anormalidades" para finalmente plantear que se debe "[...] *buscar, asistir y proteger a los niños anormales y degenerados de hogares y escuelas [...]"*, justificando la selección escolar como una forma de modernización de las escuelas y de formación del magisterio en nociones de fisiología, patología, psicología, higiene. También propone la creación de instituciones para anormales: planteles especiales, clases especiales e internados (*cfr.* Suárez, 1926, 46-49).

En un informe de 1928 sobre clases paralelas en el departamento de Antioquia se plantea una distinción que permite hacer visible la pluralización del horizonte conceptual de la pedagogía de anormales. No solamente se hablará de anormales, sino que también aparecen nociones como retrasados pedagógicos, retrasados escolares, morbosos o médicos. El *retraso* es una manera diferente de perpetuar la moderna división entre anormal-normal.

> Se distinguen como retrasados todos aquellos niños que con relación a los de su edad presentan una notoria inferioridad mental, la que puede ser de 1, 2, 3 o más años. Para estos niños todos los días el retraso será mayor y la evolución más difícil si no se pone remedio inmediato, y como entre nosotros el remedio no puede aplicarse, esa es por consiguiente la causa de que en los dos cursos primeros de la escuela se encuentren niños que repiten año por año, y la causa también de que muchos otros se arrastren con grandes esfuerzos hasta el último año con una preparación completamente deficiente.

> Según que la inteligencia de los atrasados presente más o menos perturbaciones, el profesor Demoor ha establecido la siguiente distinción:

> **Retrasados pedagógicos**, en los cuales las alteraciones que padecen pertenecen al orden de la pedagogía, y basta para mejorarlos un régimen pedagógico.
>
> **Retrasados médicos**, son los que presentan alteraciones de órden médico y necesitan por consiguiente los cuidados inmediatos del médico (Mejía, 1928, 518).

Se podría ampliar el número de citas que muestren las distintas definiciones de la infancia anormal en Colombia,[3] pero consideramos que son suficientes materialidades discursivas para mostrar la medicalización de la infancia, la pedagogía y la sociedad a través de la emergencia de una subjetividad moderna: *los niños anormales*, la cual sería convertida en uno de los objetos de conocimiento de la pedagogía de anormales. Además, hace visible los límites de la concepción de hombre utilitarista a formar mediante los procedimientos de poder y los métodos de enseñanza especial, correccional y terapéutica.

Escuela

La escuela especial o para anormales, y las clases especiales, anexas o paralelas, tienen como principal función social proteger los "niños normales", las "familias" y la "sociedad" de la degeneración, el atraso, el desorden, la improductividad generada por los niños anor-

---

3. Por ejemplo, Tomás Cadavid Restrepo (1924) *Discolia de la pubertad*; Ignacio Jaramillo Sáenz (1939). *Delincuencia Infantil. (Factores que influyen en ella – Algunas observaciones acerca de un barrio de Medellín)*; Jaime Botero Uribe (1942). *La educación de los niños mentalmente anormales*; Eduardo Vasco (1948). *Temas de higiene mental, educación y eugenesia*, entre otros.

males, retrasados, sordomudos, ciegos, contagiosos, díscolos. Protección y prevención del contagio mediante el aislamiento del elemento contaminante. La escuela especial

> redime de las escuelas aquellos niños que por su constitución fisiológica y psíquica no deben seguir en ellas sin correr el inminente peligro de salir a engrosar el número de individuos delincuentes y criminales, o el grupo de los impreparados para la vida que ocupan las casas de enajenados; así, procura la escuela porque de las sociedades venideras forman parte aquellos niños que cuando hombres se encargarían de ser terrible azote (Villegas, 1939, 9).

Las escuelas especiales son un espacio para la profilaxis de la degeneración y las anormalidades infantiles. Un lugar privilegiado para la corrección y el tratamiento médico-pedagógico de las anormalidades, de los retrasos pedagógicos, de las degeneraciones, de las deficiencias, de los defectos, de los impedimentos. *"Demostrado está el papel desempeñado por la escuela como profilaxis de la delincuencia infantil, cuandoquiera que en ella encuentra el niño todas las comodidades y belleza a que está inclinado por naturaleza"* (Bejarano, 1929, 24). Jorge Bejarano sostendrá después de analizar las diferentes causas de la criminalidad infantil que *"[...] la única profilaxis que se puede realizar consiste en influir 'a tiempo' sobre la infancia abandonada y sobre los niños anormales o deficientes creando establecimientos como este de Fontidueño, pues una pedagogía racional puede desviar y hasta destruir las tendencias criminógenas"* (Bejarano, 1929, 36).

En Europa y Estados Unidos se discutía la eficacia de la creación de clases anexas a las escuelas ordinarias o de escuelas especiales para anormales (*cfr.* Demoor, 1930; Decroly, 1934). Ambas posturas tenían sus argumentos basados en experimentaciones o en observaciones. En Colombia funcionaron tanto clases paralelas como escuelas especiales. La necesidad de regenerar la raza y de educar para la producción justificaba la creación de estas instituciones y la reforma de instituciones carcelarias para que asumieran el modelo de la pedagogía o educación de anormales.

La mirada biomédica tiene gran ingerencia sobre las escuelas de anormales en tanto *"[...] son clínicas donde se reúnen los anormales, se estudian y se curan las anomalías de estos"* (Cadavid y Velásquez, 1921, 40). Sin embargo, será la pedagogía de anormales la que determinará la organización de la escuela de anormales. *"Servirán éstas para dar cabida a individuos que por defectos o impedimentos físicos o espirituales, son incapaces de seguir con provecho la enseñanza regular de las escuelas corrientes, pero que parecen capacitados para recibir instrucción, ayudándoles de tal modo que puedan reintegrarse a la escuela o bien que lleguen a obtener en ella la preparación necesaria para la consecución de su vida ulterior"* (Villegas, 1939, 1). Las escuelas para anormales intentaron funcionar como talleres de trabajo y como laboratorios de estudio de las anormalidades, ambos preceptos compartidos por la pedagogía activa y la de anormales.

Fines educativos

Los fines de la pedagogía o educación de anormales eran similares a los asignados para la escuela primaria por la escuela activa, pero al mismo tiempo contaba con otros más específicos. La cercanía con los discursos psiquiátricos y criminológicos impregnaban de terapéutica y corrección las prácticas médico-escolares y de enseñanza especial. Enseñaba la adaptación del niño anormal a la vida. Desarrollaba aptitudes y capacidades que permitieran aprender un oficio y valerse por sí mismo. Corregía conductas anormales y comportamientos agresivos o asociales.

En el caso de la Escuela Rafael Uribe Uribe, por ejemplo, se solicita al Gobierno que *"[...] debe darse cuenta de que la mayoría de sus esfuerzos en mejorar la condición de la escuela para que el niño la sienta más racional, son perdidos, si antes no presta su apoyo a la escuela "Uribe Uribe" o forma dentro de la misma escuela ordinaria agrupaciones especiales que cumplan el cometido de aquella, que es adaptar al niño a vivir en sociedad y a la lucha por la vida"* (Villegas, 1939, 12).

El principal fin de la pedagogía de anormales estaba dirigido a la disminución o eliminación de las anormalidades en los niños y la consecución de la adaptación escolar y social de la infancia anormal. La normalización y el disciplinamiento se incorporaban en tanto el maestro de anormales, el pedagogo especial y el médico escolar pretendían implementar unos métodos correctivos y terapéuticos sobre los anormales. Al mismo tiempo, intentaba asegurar el incremento de las posibilidades de producción económica de unos elementos aparentemente improductivos para la sociedad. Es un acoplamiento o correlación entre un fin educativo y una finalidad social de control, dominación y normalización: producir cuerpos dóciles y útiles.

Concepción de conocimiento y aprendizaje

La concepción de conocimiento de la pedagogía de anormales se sostiene en la psicología experimental, en la fisiología y en la biología evolucionista. Se instala en la mitad de la transición entre la *epistème* racional y la *epistème* experimental en pedagogía (Saldarriaga, 2003). Esta concepción parece que también subyace en algunos "métodos experimentales" de varios *pedagogos de anormales* europeos: Maria Montessori, Alice Descoeudres, Jean Demoor, Ovide Decroly, Gonzalo Rodríguez Lafora.

Tal concepción de conocimiento se puede elucidar desde el pedagogo belga Ovidio Decroly.[4] Tanto Javier Sáenz como Óscar Saldarriaga plantean que esta

---

4. Utilizamos este camino para analizar la concepción de conocimiento en la pedagogía de anormales apropiada en Colombia por dos razones: 1. Porque se cuenta con insuficiente documentación que permita su esclarecimiento; 2. Porque disponemos con un análisis previo que nos posibilita envolverla y comprenderla. Estamos hablando de Sáenz (1999) y Saldarriaga (2003, 2006). No obstante, queda para próximas investigaciones delimitar la especificidad de la concepción del conocimiento de la pedagogía de anormales como práctica discursiva y no como dependiente de un "pedagogo".

concepción se encuentra a "media-agua" (Saldarriaga, 2003, 75) o a "mitad de camino" (Sáenz, 1999, 63) entre la conceptualización sobre la noción *actividad* de la pedagogía racional y de la pedagogía experimental. Es decir, entre las concepciones de actividad que subyacen a las *lecciones de cosas* y a los *centros de interés* y los *trabajos manuales*.

La pedagogía pestalozziana (racional) de finales del XIX y principios del XX se caracteriza porque está constituida "sobre la doble tradición aristotélico-escolástica y la herencia cartesiana", moviéndose en una teoría lógico-gramatical de la mente o de las facultades intelectuales o espirituales, que concibe el conocimiento como representación de lo real, *"[...] es decir que concebía [...] el conocimiento como una impresión de los objetos del mundo en la mente del sujeto a través del mecanismo físico de la observación sensorial"* (Saldarriaga, 2003, 46). Las pedagogías racionales *"[...] proceden primero postulando un conjunto de 'principios' o 'axiomas', y de allí derivan, deducen sus 'aplicaciones' [...] imponía lograr un 'método acorde a la naturaleza' a partir de esa noción mecánico-racional del psiquismo"* (Saldarriaga, 2003, 52-53). Este método racional-pedagógico era conocido como las lecciones de cosas o lecciones objetivas. La pedagogía Pestalozziana intenta romper con las prácticas de enseñanza pasivas, con el verbalismo (palabras separadas de las ideas) y el memorismo (ideas separadas de las sensaciones), introduciendo unas prácticas "activas" para el aprender sustentadas en una teoría pasiva del conocimiento.

> La concepción del conocimiento de Ovidio Decroly [y por prolongación de la pedagogía de anormales] plantea una continuidad y una discontinuidad con esta concepción del conocimiento. Por un lado, incorpora algunos elementos de la teoría lógico-gramatical o empirismo sensualista (toma como base la observación y la sensación como origen de todo conocimiento de lo real) y, por otro, plantea que la investigación sensorial es inseparable de una sensación compleja y organizada, la cual no es fragmentaria sino globalizada. No serían las imágenes aisladas de los objetos las que se asociarían en la mente del alumno, sino un conjunto o situación significativa, la cual al ser analizada revelaría los detalles. Se trata de una clara ruptura con los métodos intuitivistas [...] (Sáenz, 1999, 64).

En la pedagogía de anormales apropiada, como en la pedagogía activa, *"[...] el sistema nervioso y el cerebro ocuparon el lugar como principio más interno de explicación sobre la forma de conocer [...]"* (Saldarriaga, 2003, 60). La fisiología y la biomedicina comienzan a determinar la ubicación estructural de las facultades intelectuales en el cerebro.

> [...] hemos visto que este concepto de *naturaleza humana* como compuesto de facultades escalonadas de lo sensible a lo racional, estaba tensionado en su **límite inferior**, el de las facultades sensibles, por el impacto progresivo de los saberes biológicos y experimentales, que empezaban a considerar los fenómenos de percepción y sensación como fenómenos fisiológicos, y ya no sólo desde el punto de vista de la lógica formal. Y se hallaba también tensionado en su límite superior, el de las facultades de conocimiento y voluntad, pues estos mismos saberes comenzaban a estudiarlas desde la psicología experimental y la antropometría, mostrando que en las acciones

> humanas sobre la voluntad, la inteligencia y la
> intencionalidad podían intervenir factores como patolo-
> gías orgánicas, mentales, ambientales o incluso raciales
> (Saldarriaga, 2003, 122-123. Negrilla fuera del texto).

La pedagogía de anormales se teje en los estudios sobre el *límite inferior* delimitado por la psicología racional y que la psicología experimental traduce como fenómenos fisiológicos del sistema nervioso. La explicación de las facultades intelectuales o del alma de los *mentalmente anormales* sería uno de los objetos de conocimiento que permite comprender los métodos de enseñanza para anormales o de enseñanza especial. *"Las anormalidades mentales abarcan todas las alteraciones del desarrollo y del funcionamiento psíquico. Pueden ser de carácter transitorio o permanente; las primeras dejan un porcentaje de curación muy crecido; las segundas, llamadas también radicales, requieren una asistencia prolongada [...]"* (Cadavid y Velásquez, 1921, 40).

La concepción de aprendizaje se podría entender con los conceptos "adaptación", "evolución", "desarrollo", "capacidad" y "aptitud". Los niños anormales y normales aprendían mediante los mismos mecanismos biológicos e intelectuales. La diferencia estaba marcada por la *lentitud*. La anormalidad mental consistía en un deficiente funcionamiento del raciocinio, de la atención o de la memoria: de las facultades del alma. Estas alteraciones o desequilibrios se percibían y observaban en el cuerpo u organismo. El retrasado pedagógico, mental, escolar o morboso, el anormal educable y el débil intelectual, son ejemplos fehacientes de la lentitud en la adaptación al medio, en la evolución del organismo, de la moral y del intelecto y en el desarrollo de las capacidades, aptitudes y facultades (inferiores o superiores, morales, físicas e intelectuales).

La pedagogía de anormales se fundamentaba en una hibridez entre la psicología racional y la experimental, que divide el psiquismo en facultades superiores e inferiores y sustenta el funcionamiento desde una mirada fisiológica y orgánica. El psiquismo superior comprende la inteligencia, la voluntad, el juicio, el raciocinio y el sentido moral, y el psiquismo inferior agrupa las facultades receptivas y retentivas: la atención, la memoria y la imaginación.

Los niños anormales se caracterizan por su desatención, falta de concentración, lectura inatenta, la memoria tardía y fugaz, la imaginación limitada al simple recuerdo. Las *observaciones* efectuadas por los maestros de la casa de menores, de las escuelas especiales o de ciegos y sordomudos, o por los médicos de los servicios médico-escolares, permiten apreciar las alteraciones, deficiencias, desequilibrios, limitaciones en sus facultades inferiores y superiores, que imposibilitaban su instrucción y educación.

Las clasificaciones establecidas por la psicología racional empiezan a sistematizarse con los instrumentos de la psicología experimental, específicamente con las pruebas mentales, las observaciones, y en algunos apartados de las fichas médico-pedagógicas. Las nociones "aptitudes" y "capacidades" coexistían con la de "facultades", lo cual se evidencia en las evaluaciones y registros cuando maestros, médicos y pedagogos analizan la inteligencia, la memoria, la voluntad, la atención, el desarrollo intelectual, el entendimiento, la moral, la inestabilidad mental, el juego, la imitación.

Tenemos, pues, que la pedagogía de anormales se encuentra en medio de un proceso de transición entre la psicología racional y la psicología experimental, jugando un papel significativo en la apropiación de la segunda, en la medida que implementó sistemática y prolijamente tests, pruebas, observaciones, historias clínicas, formularios y fichas que sirvieron en el proceso de clasificación, selección y localización de los niños anormales y normales.[5]

Concepción de lenguaje[6]

El lenguaje se transforma en una función fisiológica que permite acceder a la realidad. Se encuentra, también, en un lugar de tránsito entre las teorías clásicas de la representación que sostienen a las pedagogías racionales y las teorías biológicas y biomédicas de las pedagogías experimentales.

---

5. Óscar Saldarriaga (2003, 79) sostiene que los Hermanos cristianos desde 1924 fueron los primeros en implementar los test de Binet y Terman. No obstante, en nuestra investigación demostramos que la casa de menores fue pionera desde 1921 en la aplicación y adaptación de pruebas y test mentales para niños y jóvenes con "anormalidades".

6. Sobre esta concepción nos falta ampliar el análisis de la documentación y establecer las filiaciones con la filología, la biología y la psicología experimental.

En palabras de Saldarriaga (2003, 68), a principios del siglo XX, dos saberes generan una discontinuidad en la concepción de lenguaje para la pedagogía: *"[...] de un lado, éste empieza a ser visto como instrumento de adaptación al medio, en términos médico-biológicos, y de otro, los sociólogos, aplicando el evolucionismo a las sociedades, empiezan a hablar de la historia de las lenguas como principio de identidad de razas, pueblos y naciones".* Esta aseveración es legítima, inicialmente, tanto para la pedagogía activa como para la pedagogía de anormales.

En la especificidad de las escuelas de sordomudos y ciegos, el lenguaje transitaba bien por códigos táctiles de comunicación (sistema braille) o por procesos de oralización insistente de los sordos y de eliminación de toda utilización de las señas como mecanismo de interacción lingüística, las cuales no eran ni siquiera legitimadas como una lengua.

El maestro

La pedagogía de anormales construyó una concepción del maestro de anormales como un psicólogo o como psicoterapeuta, distanciándose del maestro de la *pedagogía confesional católica* y de la *escuela activa* (aunque tenía más cercanías con este último). No solamente enseñaba lecciones de cosas, de aritmética, cálculo y lectura; también tenía que enseñar la buena conducta, la percepción, el movimiento de los músculos, la voluntad, el entendimiento, la memoria, la atención... *"La curación de los anormales exige que el maestro sea un psicoterapeuta, para*

*lo cual necesita reunir muchas y muy variadas condiciones [...]
siendo el institutor un psicólogo práctico hará que su instrucción sea concreta y revista los caracteres esenciales de la enseñanza de anormales"* (Cadavid y Velásquez, 1921, 29). Pero también funcionaba como un "terapeuta" o "corrector" y como un *higienizador*.

Entre sus funciones estaban la observación y la enseñanza de los anormales, colaborar con la clasificación y la localización, aplicar las fichas y reformar las conductas. Algunas de las diferencias con los maestros de escuela primaria radicaban en el conocimiento de las anormalidades, en la aplicación de las fichas médico-pedagógicas, en las observaciones, en que habitaban las escuelas especiales, las clases paralelas y las casas de menores, y en el conocimiento de los métodos de enseñanza para anormales o enseñanza especial. *"Los niños anormales permanecerán en reformatorios de carácter médico-pedagógico, dirigidos por maestros preparados en la* enseñanza especial" (Cadavid, 1924, 69). También tenía conocimiento sobre psiquiatría y biomedicina, sobre "antropología de razas" o biológica y de psicología experimental.

> El que se dedique a la formación de atrasados debe reunir múltiples cualidades de inteligencia y voluntad: ha de ser abnegado hasta el sacrificio, docto en Pedagogía general y en la especial de anormales; debe poseer algunas nociones de Fisiología, conocer a fondo la Psicología escolar y estar dotado de grandes dotes de observador. Conviene que los que se dedican a tales labores hayan practicado primero en escuelas ordinarias siquiera por espacio de tres años

para que así puedan establecer la diferencia entre los normales y retrasados y, por medio de la experimentación, sepan adaptarse a esta clase de régimen [médico-pedagógico] (Cadavid y Velásquez, 1921, 33)

El maestro de anormales se constituía en "tecnólogo del alma y del cuerpo anormal", esto es, un sujeto que mediante técnicas y prácticas de diversa índole modifica, transforma, produce y agencia la corporalidad, la mente y el alma de la infancia anormal.

Sería grave error creer que las lecciones se reducen a enseñar los ramos dichos, la lectura, la escritura y el cálculo. La enseñanza especial tiene por fin principal despertar la inteligencia dormida o disciplinar el espíritu mal desarrollado. Ella toma los puntos de todas sus lecciones en todos los dominios y, por ejercicios de observación, procura, ante todo, desenvolver la percepción de las sensaciones auditivas, visuales, cromáticas, táctiles y musculares. Ella suministra así las nociones fundamentales de tiempo, de espacio, de fuerza, etc., que en los niños normales se asimilan por la asociación espontánea de las nociones adquiridas pero que los atrasados no poseen o poseen insuficientemente (Cadavid y Velásquez, 1921, 30).

El educador de anormales atiende no solo a la educación física e intelectual, sino que preferentemente los dotará de un arte, indispensable en ellos precisamente por su inferioridad. Para conseguir la educación corporal practicará la gimnasia metódica y los juegos que dan alegría, destreza y perseverancia; los sentidos han de someterse a ejercicios especiales, no olvidando la mano, pues "[...] *la educación manual es la preparación profesional en primer grado*" (Ordenanza 6 de 1923, 14).

Debía manejar conocimientos biomédicos, antropológicos, psicológicos y pedagógicos que facilitan la observación y el registro para la posterior aplicación del tratamiento médico-pedagógico. Para lograr tal efecto los maestros fueron formados en las casas de menores, en la escuela de ciegos y sordomudos, en los cursos de información pedagógica liderados por la Junta Técnica de Educación y algunos casos aislados en las escuelas normales (por ejemplo, la Escuela Normal de Varones de Medellín a partir de varias visitas realizadas a la Escuela Especial Rafael Uribe Uribe). El maestro es *activo*, pero con conocimientos especiales sobre patologías, anormalidades, técnicas de medición, test y métodos para retrasados. El maestro compartía las funciones de psicólogo y de médico escolar.

En la Escuela Rafael Uribe Uribe tenían

> como actividades de extensión cultural [...] organizado un centro de estudios en el que se prepara el personal docente. Para las reuniones se destinan los sábados, en las que se estudian materias que se refieren a la enseñanza especial, en lo relativo a las mediciones en general, a la reducción de datos estadísticos (Psicometría), y a temas especiales de psico-pedagogía, tanto teórica como práctica. Cuando es necesario, se estudian temas íntimos de la metodología especial de algunas materias, como también principios de táctica disciplinaria (Villegas, 1939, 27).

La formación de maestros de anormales no fue sistemática pero se adelantaron algunos intentos desde distintas instituciones de la pedagogía de anormales apropiada en el país. De esta manera se posibilitaba la enseñanza especial, el tratamiento médico-pedagógico y la orientación profesional en artes y oficios para los niños anormales.

Médico escolar y pedagogía de anormales

El médico escolar tuvo un rol fundamental en el proceso de modernización de la escuela primaria y de la sociedad. Este rol se hacía visible en su relación con los métodos activos de enseñanza, con la crítica a los métodos tradicionales de la "enseñanza objetiva pestalozziana", la supresión de premios y castigos, la higiene escolar (física, moral, mental y social), la educación física, el examen escolar, la prevención del contagio, el tratamiento terapéutico para la regeneración de la infancia, la familia, el pueblo y la raza. Se preocupaba por el saneamiento de los edificios, por las condiciones higiénicas de los establecimientos escolares, por impartir capacitaciones a los maestros-alumnos de las escuelas normales y a los alumnos de las escuelas primarias, al igual que expedir certificados médicos para maestros y alumnos.

La articulación del médico escolar con la pedagogía de anormales será estratégica: estuvo encargado de seleccionar y clasificar los niños anormales mediante la aplicación de un "examen", materializado en la ficha médico-escolar o médico-pedagógica, de remitirlos a instituciones para anormales donde se aplicaría un tratamiento médico-pedagógico con base en el diagnóstico, y de colaborar en el proceso correctivo terapéutico que llevaría a cabo el maestro.

> En las instituciones para anormales, los médicos propusieron la supresión de los premios y castigos como método terapéutico y adoptaron el examen y la clasificación mental, los trabajos manuales, la actividad como base del régimen institucional, el fomento de la confianza del enfermo en sus propias capacidades y su permanencia al aire libre. También promovieron [...] la institucionalización de la figura del médico escolar, de las prácticas de examen y de la higiene (Sáenz, et al, 1997, 55).

Una de las principales funciones del médico escolar estaba dirigida a la identificación y selección de los niños anormales en las escuelas primarias. La observación experimental, continua, incesante, con ayuda de los maestros, determinará la efectividad de la identificación y posterior ubicación, localización y tratamiento médico-pedagógico de los niños anormales. El departamento de Antioquia, por Ordenanza 6 de 1923, sobre servicio médico-escolar y enseñanza de anormales, lo establecía en su exposición de motivos:

> [...] escogiendo los anormales para que sean puestos en manos de pedagogos especialistas; designará cuáles por su debilidad necesitan de Escuelas al aire libre, y dirigirá la profilaxis de las enfermedades contagiosas, porque sólo aquél, debido a sus conocimientos, se encuentra en capacidad de ejercer vigilancia constante y provechosa sobre el niño, quien menos aguerrido y resistente que el adulto, se contagia más fácilmente (Asamblea Departamental, 1923, 7).

Por su parte, el Decreto 106 de 1926 (Cadavid Restrepo, 1926, 23), dispone que el médico escolar tenga por deber *"[...] clasificar, en cuanto se pueda, los anormales orgánicos, los fisiológicos y los psíquicos; dar indicaciones claras respecto de ellos a los maestros, acerca de las tareas que puedan serles nocivas, y el régimen adecuado para cada clase de atrasados. (Observaran de manera muy especial a los niños amorales)"*

> Por otra parte, el maestro, a partir de sus observaciones en el medio escolar, debía referirle al médico los alumnos que considerara casos de anormalidad, para que éste realizara el diagnóstico científico. Era el médico quien tomaba la decisión final acerca de la causa, el tipo y los alcances de la enfermedad, sobre la institución o el grupo segregado en el cual debía ubicarse al alumno, así como las formas de tratamiento orgánico, intelectual, moral y social que se debían prestar a estos casos (Sáenz *et al*, 1997, 232).

Los deberes u oficios del médico escolar constatan la reducción del campo exterior del saber biomédico, lo cual fortalece la tesis de Foucault sobre la red de medicalización indefinida en la sociedad. Su incursión en la emergente educación de anormales se encuentra dotada de todas las "posibilidades" abiertas por la mirada biomédica.[7] Esta mirada determinará las anorma-

---

7. *"Antes de inaugurar un nuevo local hará visita de recepción, para rendir informe sobre si llena o nó las condiciones exigidas por las autoridades sanitarias superiores, sobre instalación de excusados, disposición de patios de recreo, iluminación de las aulas, cubicación, ventilación, materiales de piso, mobiliario, etc. Varias veces al año pasará visita á los edificios escolares, para hacer conocer las necesidades de ellos y sus reformas. Convendría la asistencia del Alcalde o de un concejal, pues los municipios deben ordenar y subvenir a las mejoras. En las expresadas visitas, que serán tan completas como sea posible, determinará las reparaciones necesarias y urgentes. No pocas veces, a consecuencia de invasión de enfermedades contagiosas, se verá en el caso de solicitar la desinfección de los locales y de reclamar el retiro de algunos alumnos o de todos ellos"* (Asamblea Departamental, 1923, 8-9).

lidades con el escrutinio y vigilancia del alma-cuerpo-
mente de la infancia escolarizada mediante el *examen* y
todo un conjunto de instrumentos biomédicos. Las técnicas devienen unidas al discurso, lo dotan de *positividad,*
demarcan su estatuto de saber moderno.

En la Ordenanza 6 de 1923 encontramos una delimitación puntual sobre las funciones del servicio y del
médico escolar. Valga la pena transcribir esta extensa cita
donde se muestra la pluralidad del despegue biomédico
y su ingerencia sobre el saber pedagógico colombiano.

> Huelga decir que el examen relativo a desarrollo físico
> del niño será detenido. Para comprobar su crecimiento,
> lo hará al menos dos veces durante los seis años del
> Pénsum. Debe verificarse con rapidez, para evitar el en-
> torpecimiento de los estudios, indagando las enfermeda-
> des que interese descubrir en el niño. Los instrumentos
> han de ser sencillos; romana, metro, escala optométrica
> de Monnoyer, reloj, etc. El examen somático se efectuará
> en orden, dejando constancia de las caries dentarias y
> escoliosis. Al verificar el de los órganos, insistirá sobre el
> pulmón, para comprobar la existencia de tuberculosos y
> pretuberculosos. En ningún caso olvide señalar, con el
> poderoso auxilio del Maestro, a los anormales, a quienes,
> como el sentido común lo indica, colocará en clase o Es-
> cuela especial.
>
> El resultado de los exámenes se consignará en la cédula
> o tarjeta individual. Clasificará, en consecuencia, a los
> escolares sanos, sospechosos y enfermos. El Médico de
> las Escuelas vigilará escrupulosamente; y su principal
> papel entre nosotros se concretará a las enfermedades
> contagiosas de la piel, el cuero cabelludo y las infeccio-
> sas, para aislar en la casa a los sospechosos o enfermos,
> excluir de la clase a los hermanos y vecinos del enfermo,

y decretar la desinfección que requiere el local. No olvi-
dará la vacunación y revacunación. Recuerde que si al
Maestro corresponde el cultivo de la inteligencia, la vigilancia de la educación física cae bajo el dominio de
aquél. Por fin, es el encargado de dirigir la enseñanza de
la higiene a maestros y discípulos (Asamblea Departamental, 1923, 9).

Los saberes modernos justificarán la inmersión del
médico escolar en la práctica pedagógica. Se dirá que es el
único capaz de explicar las anormalidades y que su intervención complementará la enseñanza de los maestros.

Una vez que se da con un niño anormal hay necesidad de
entrar a estudiar las causas de la anomalía, lo que se difi-
culta a los maestros, porque las anomalías provienen de
diversas causas, muchas de ellas patológicas. Un niño débil por causas patológicas es un enfermo, y los enfermos
necesitan la asistencia del médico, sin la cual los esfuerzos
del educador serían incompletos (Mejía, 1928, 519)

En síntesis, el médico escolar estuvo relacionado con
todas las instituciones articuladas con el proceso de apropiación e institucionalización de la *pedagogía de anormales*: las casas de menores, las colonias escolares, las escuelas especiales o de anormales, el Instituto Médico Pedagógico, las clases paralelas, anexas o especiales, los
servicios médico-escolares, las escuelas normales, las
facultades de medicina. En todas cumplía unas funciones similares. Su estatuto científica y legítimamente reconocido por la sociedad implica necesariamente una
hegemonía con relación al maestro y la infancia anormal. El médico es un portador y productor de verdades
indiscutibles para la pedagogía de anormales, incidien-

do en que la red de medicalización devenga infinita, tomándose la pedagogía de múltiples maneras.

Tecnologías médico-psico-pedagógicas

Las *tecnologías* son un conjunto de técnicas y prácticas dirigidas hacia el gobierno o agenciamiento de la infancia anormal, la cual pasó a ser objeto-blanco de una interdiscursividad específica y unas prácticas encaminadas a la vigilancia y el escrutinio del alma, el cuerpo, la mente (anormales) a la producción de un mercado científico-discursivo (donde están instalados los sujetos portadores del discurso: maestro, médico escolar, pedagogo especialista) y al control y la corrección de sí mismo con fines progresistas, productivos, morales y de (re) socialización.

El tipo de gobierno desplegado con este conjunto de técnicas se encuentra incrustado en el funcionamiento de dos tecnologías: las de poder y las del sí mismo. Las primeras *"[...] determinan la conducta de los individuos, los someten a cierto tipos de fines o de dominación, y consisten en una objetivación del sujeto [...]"* (Foucault, 1991, 48), *y las segundas "[...] permiten a los individuos efectuar, por cuenta propia o con la ayuda de otros, cierto número de operaciones sobre su cuerpo y su alma, pensamientos, conducta, o cualquier forma de ser, obteniendo así una transformación de sí mismos con el fin de alcanzar cierto estado de felicidad, pureza, sabiduría o inmortalidad"* (Foucault, ibíd.).

Las tecnologías médico-psico-pedagógicas materializan la racionalidad técnico-instrumental de la pedagogía de anormales. Tienen una relación profunda con algunos niveles de funcionamiento del biopoder y de la biopolítica: la profilaxis, la higienización, el hacer vivir o gestión de la vida, el gobierno de los cuerpos y las poblaciones (como se pudo apreciar en el capítulo tres). Articulan las conceptualizaciones (degeneración, clasificación médico-escolar, métodos de enseñanza especial, etc.), las institucionalidades (escuelas de anormales, clases paralelas, colonias escolares, etc.) y las subjetividades (maestro de anormales, pedagogo especialista, niño anormal, médico escolar, etc.).

Se encontraban inscritas en un tejido de relaciones, fuerzas y técnicas que tenían como fin último normalizar, agenciar, encauzar para la producción económica y simbólica a una cantidad considerable de "unidades" parcialmente improductivas que a partir de ese momento histórico serán susceptibles de instruir y educar para la utilidad, la industria, el orden, el progreso y la regeneración de la raza.

No tienen una secuencialidad lineal, universal o absoluta. Su funcionamiento es reticular, imbricado y, algunas veces, fragmentario. De hecho son transversales y diagonales a los regímenes institucionales, posibilitando configurar las rutas singulares de concreción de los procedimientos de poder. Por consiguiente, no existe una equivalencia total entre su funcionamiento en una escuela de anormales y en un servicio médico escolar.

Las tecnologías médico-psico-pedagógicas en sí mismas representan una multiplicidad, por tanto, no son uniformes, no implican univocidad, lo cual es válido a pesar de que intentaremos plantear su encadenamiento en términos abstractos y generales (aunque relacionados con la especificidad de las instituciones). Su estructuración y funcionalidad no es exclusivamente discursiva, en la medida que incorporan prácticas concretas, locales y múltiples reinvenciones en la cotidianidad. Tienen una estructura relacional que permite conectar la discursividad y la práctica con las condiciones materiales, económicas, políticas e ideológicas del momento y la geografía en que operan (rompiendo con una aparente insularidad de la pedagogía o con una determinación social absolutista).

Son perceptivas y espacio-temporales. Tienen relación directa con unos modos de ver y decir la realidad, pasan por la percepción producida históricamente por la organización técnica del discurso (piénsese en lo que se dice y se ve a partir de los test de medición o en la ficha médico-pedagógica para identificar los niños anormales). Se hacen en el espacio del aula o de la escuela, en el servicio médico o en la colonia escolar, implicando una distribución específica y cambiante de los lugares y los tiempos (por ejemplo, la ubicación de niños y jóvenes por niveles de anormalidad o la instalación de los talleres de carpintería en una escuela activa). La temporalidad tiene relación con la espacialidad de los grados, la repetición de la enseñanza o la "lentitud de aprendizaje" de los niños anormales.

Entre estas *tecnologías* encontramos prácticas o técnicas de observación (escolar, psicológica, antropométrica y biomédica) y de registro (fichas médico-pedagógicas, formularios de observación), de clasificación, de etiologización y diagnóstico, de selección, de ubicación o localización de niños anormales, los procedimientos o métodos de enseñanza especial y la formación profesional o las acciones postescolares.

Observación y registros: fichas médico-pedagógicas, test de medición y formularios de observación

Las primeras prácticas aplicadas en las instituciones de educación de anormales fueron las de *observación*. En la casa de menores fue lo primero sobre lo que hizo énfasis Tomás Cadavid Restrepo: *"[...] la nueva organización ha dado hasta hoy excelentes resultados y se ha procurado adaptarla al régimen especial para anormales, sobre todo comenzando por los estudios de observación, indispensables para llegar a la meta deseada"* (Cadavid y Velásquez, 1921, 10). La *observación* tiene un estatuto de cientificidad, en tanto es la base objetiva para el análisis y experimentación sobre los fenómenos y hechos del mundo. Observar requiere modular la mirada, adiestrar el ver para transformar el decir. Es una técnica perceptible. Lo que se puede decir de lo visible es condicionado por lo objetivado mediante la observación, la cual, a su vez, se sustenta en construcciones teóricas previas que posibilitan observar el mundo. Es decir, la observación es un postulado aplicado por la epistème racional que se incrusta en las *prácticas modernas experimentales* que sustentan parcialmente la pedagogía o educación de anormales apropiada.

Las técnicas periciales o de examen se incorporan en la observación como un mecanismo o dispositivo para legitimar una práctica y objetivar un discurso. El examen pericial psiquiátrico se extiende a las escuelas públicas y opera transversalmente en las aulas paralelas, especiales o anexas, las escuelas para anormales, las escuelas de ciegos y sordomudos y en las casas de menores. Cada institución construyó sus pruebas basándose en las mismas procedencias técnicas. El principal test apropiado fue el de Binet-Simon, pero también se diseñaron y aplicaron tests adecuados a las condiciones de la raza y pueblo colombiano con fragmentos de pruebas disímiles, incluso con enfoques y soportes científicos contradictorios (ver anexos). Las *fichas* varían en la extensión, en los componentes evaluativos, en los tipos de análisis, en las formas de organización de lo visible y lo enunciable, pero todas "*[...] tiene[n] como principal objeto hacer que el maestro adquiera un completo conocimiento de la personalidad del niño*" (Villegas, 1939, 37).

Clasificación

No existió una forma universal, única y estática de clasificar a los niños anormales. Entre una institución y otra, entre unas prácticas y otras, entre unos tratados y otros, la pluralidad en las clasificaciones es el denominador común. Sin embargo, "*[...] su objeto es simplificar el estudio, facilitar el diagnóstico y la terapéutica, porque, al clasificar, se agrupa el mayor número de individuos que se benefician del mismo tratamiento. Este es el punto práctico e impor-*

tante de la clasificación" (Cadavid y Velásquez, 1921, 43). Las clasificaciones oscilaban entre las básicas que dividían a los anormales en morales, físicos e intelectuales (las implementadas en la Casa de Menores de Fontidueño en Antioquia) hasta amplias galerías y ramificaciones de anormalidades y degeneraciones escolares (las propuestas por Senén Suárez para el servicio médico escolar de Cundinamarca). El fundamento biológico las atraviesa a todas y cada una de ellas. No obstante, se intentan clasificar de acuerdo a referentes pedagógicos y psicológicos: retrasados mentales y pedagógicos, retrasados escolares... La clasificación y la selección escindían el espacio escolar creando secciones en las casas de menores o niveles en las escuela especiales.

Etiologización y diagnóstico

El diagnóstico y la etiologización se establecían con los test o pruebas físicas, mentales y psicológicas. El médico escolar estaba encargado de asignar las causas de las enfermedades físicas, mentales, y de los estigmas de degeneración. *"El estudio de las anomalías debe ser metódico; el conocimiento de las causas que las producen es quizá el punto crucial de la cuestión; sólo así se podrán hacer tratamientos causales, únicos admitidos hoy como científicos y eficaces"* (Cadavid y Velásquez, 1921, 40). Las causas de las anormalidades, las enfermedades y las degeneraciones, estaban sin duda delimitadas: el alcoholismo, la sífilis, la miseria, la anemia tropical, la tuberculosis, el clima, la geografía, la pobreza, la herencia, la delincuencia, etc. Las causas de la degeneración de la raza hacían presencia en las formas de etiologizar las anormalidades infantiles en Colombia.

Selección y ubicación o localización

Comúnmente se realizaba después de tener claridad sobre la identificación y la clasificación de los niños anormales o retrasados, lo cual se efectuaba mediante la aplicación de las pruebas mentales o fichas médico-pedagógicas. La selección determinaba la ubicación o localización en distintas instituciones de acuerdo a la anormalidad o degeneración. Todo este proceso tenía el sustento experimental y moderno en las mismas pruebas o fichas, en tanto fueron unas técnicas eficientes de un poder sobre los cuerpos, las almas y las mentes de los niños anormales y, por extensión, también de los "niños normales".

Por ejemplo, para la Escuela Rafael Uribe Uribe la selección del personal

[...] se llevó a cabo en las escuelas (sic) de Medellín, contando sus fracciones. Fueron interrogados 1.047 niños, todos calificados por sus maestros de fuertes repetidores. De éstos 516 fueron "testados" por considerarlos de difícil mentalidad, pues eran todas causas intrínsecas las que habían ocasionado ese retraso, es decir, difícil comprensión, falta de memoria, atención débil y otras similares. De los 516 "testados" todos dieron un resultado verdaderamente bajo, pero únicamente fueron retirados 120, considerados por los maestros como apropiados para la "Escuela Especial". Con pequeñas reformas, se emplea-

> ron para esta selección las pruebas mentales colectivas
> de Ballard, algunas de Dearbonn, las de Terman y otras
> parciales de distinguidos psicólogos, pedagogos como
> Claparede, Pieron, Decroly, Binet y Simón, etc. (Villegas,
> 1939, 39).

La selección y ubicación podía desplazar a un niño de una escuela pública primaria hacia las colonias escolares, las escuelas especiales, las clases anexas, las casas de menores o las escuelas de ciegos y sordomudos. Toda la red institucional se activaba con estas prácticas de *seleccionar* al niño anormal para *ubicarlo* en un espacio.

Procedimientos y métodos de *enseñanza especial*

Las enseñanzas activas se entrecruzaban con las enseñanzas especiales o para anormales: los trabajos manuales, las salidas pedagógicas, las gimnasias, los talleres, los centros de interés, los proyectos, los juegos educativos, la educación motriz, el modelado, la lectura y la escritura neuromuscular, los métodos objetivos. Casi la totalidad de las prácticas de enseñanza de muchos pedagogos activos experimentales y de anormales funcionaron en las instituciones de la pedagogía de anormales de Colombia: Ovidio Decroly (1927, 1928, 1937); María Montessori (191?, 1925, 1928); Eduoard Claparède (1924, 1961); Jean Demoor (1922, 1930); Alice Descoeudres (1936).

La enseñanza especial o para anormales es terapéutica y correctiva. Establece las bases aplicadas para el tratamiento médico-pedagógico que ejercite y despierte los órganos defectuosos, las facultades deficientes o limitadas, las amoralidades. En muchos asuntos, los pedagogos de anormales plantean que los procedimientos pedagógicos no se distancian de la enseñanza para "normales". De hecho, aseguran que la mayoría de métodos activos son aplicaciones o adecuaciones de métodos de enseñanza para los niños anormales.

El cuerpo del anormal se constituyó en el blanco preferido para ejercer las diversas prácticas del método de enseñanza especial. Se privilegió la educación sensorial en los anormales, educación que debía ser pormenorizadamente suministrada a los estudiantes a través de material real y concreto, aunque no se excluía el abstracto y artificial (escritura, dibujo, láminas). La educación visual y manual se trabajaría con un taller de dibujo y modelado. *"En las escuelas de anormales el modelado precede o acompaña siempre al dibujo; éste da a conocer al estudiante la forma de los objetos, aquél la sustancia; el modelado induce más rápidamente que el dibujo a la imitación y educa más fácilmente la mano [...]"* (Cadavid y Velásquez, 1921, 32).

Con el trabajo manual se *"[...] desarrollan el sentido muscular; concentran la atención, perfeccionan los sentidos y son al mismo tiempo algo como una fuente de placer para el que los ejecuta"* (ibíd., 31). Se trabajaba pues tanto lo físico como lo intelectual. En la casa de menores y en las escuelas especiales había talleres que apuntaban al cumplimiento de estos fines: talleres de tipografía y encuadernación, carpintería y ebanistería, cerrajería y fundi-

La piscina del Instituto Médico-Pedagógico, donde el personal de internos tomaba el baño todas las mañanas y practicaba ejercicios de natación, 1948.

Escuela de Ciegos y Sordomudos, Antioquia, 1948

ción y los telares. Estos talleres se entenderán como un medio para mejorar la función de los sentidos en los anormales, es decir, aseguraba su educación sensorial; y también —apuntará Tomás Cadavid Restrepo—, los estaban formando en un arte, oficio o profesión que les serviría para la vida independiente, en otras palabras, educar para el trabajo, el naciente mercado y la ilusión del progreso. *"[...] esos niños reformados en institutos especiales son elementos que luego irán a ser útiles hombres a la industria y que, de no haber sido educados convenientemente, irían a los hospitales, asilos y presidios si es que la muerte no los arrebata muy pronto"* (ibíd., 11).

La educación física en la pedagogía de los llamados niños anormales materializaba y reproducía lo designado por la higiene y los discursos de salud y la cultura física de principios de siglo XX. Al respecto, Sandra Pedraza (2001, 100) nos puntualiza que:

> [...] la higiene se ocupa de lo somático en el interior y en el exterior del cuerpo. Atiende los asuntos que se convierten en básicos como el aseo, la alimentación, la talla, el peso, el perímetro cefálico y torácico, y el fortalecimiento del cuerpo a partir de una cultura física. En esta visión, el cuerpo se concibe como un organismo cuyas interacciones ocurren en el plano fisiológico. En otro sentido, la higiene enfila sus baterías hacia el combate de enfermedades de tipo social como la lepra, el cáncer, el pian, la sífilis, el alcoholismo, cuyas etiologías se sitúan en formas inapropiadas de vida social, más que en deficiencias del organismo individual.

La actividad física se incorpora de forma reglamentada en los inicios del siglo XX mediante *"[...] la calistenia, la gimnasia y los ejercicios militares [...]"* (Pedraza, 2001, 103) y adquiere un apogeo durante la década de 1930 (*cfr.* Chinchilla, 2001). Ahora bien, en la singularidad de la pedagogía de anormales tiene vital ingerencia el discurso higiénico por su articulación con las teorías evolucionistas sobre el atavismo, las razas inferiores y las anormalidades, y por el direccionamiento de las prácticas de educación sensoriales, físicas e intelectuales, aunque compartirán su ingerencia principalmente con la psicología de corte experimental o "utilitarista", atendiendo la apreciación de Canguilhem (1998).

Siguiendo a Chinchilla (2001, 169), podemos afirmar que en la educación física se hace visible una doble mirada sobre el cuerpo: *"Prevenir las enfermedades, la descomposición moral y social, la pérdida de salud, el desorden; pero aprovechar las ventajas para el desarrollo de las capacidades, para la productividad, el buen comportamiento y el éxito social"*. En la pedagogía de anormales funcionaba también esta doble función de mirada, esta doble forma de ver o percibir: prevenir y aprovechar las ventajas. Sin embargo, se incluía la corrección o la terapéutica de las anormalidades corporales (las cuales incidían, a su vez, en lo intelectual y en lo moral): *"[...] aquéllos encargados de la corrección de anormales, [...] no se trata solamente de desarrollar las aptitudes de los educandos, sino de enderezar inclinaciones torcidas y de contrarrestar vicios atávicos, inclinaciones y vicios que generalmente son la causa del ingreso de los recluidos o educandos en alusión a la Casa en referencia"* (Cadavid, 1926, 48).

En la Ordenanza 6 de 1923 sobre servicio médico escolar y enseñanza de anormales se puede percibir la función correctiva mediante ejercicios especiales y la función de productividad corporal.

> El educador de anormales atiende no sólo a la educación física e intelectual, sino que de preferencia los dotará de un arte, indispensable en ellos precisamente por su inferioridad. Para conseguir la corporal, practica la gimnasia metódica y los juegos que dan alegría, destreza y perseverancia; los sentidos han de someterse a ejercicios especiales, no olvidando la mano, pues "la educación manual es la preparación profesional en primer grado". Sobra decir que pondrá minucioso cuidado en la reforma de la imaginación, en el cultivo de la memoria, en el desarrollo y cultivo de la atención (Asamblea Departamental de Antioquia, 1923, 14).

Pero no solamente la mano y la vista fueron educadas, sino también las piernas, la cabeza, el tronco, el caminar. Era la normalización entera de una corporalidad anormal y, por consiguiente, de la mente y el alma, por medio de la enseñanza especial de los sentidos. Todo el cuerpo en tanto sensitivo tenía que ser "reeducado", expresión utilizada para designar la necesidad de educar a los menores anormales como si fueran niños de tres o cinco años.

> La enseñanza especial tiene por fin principal despertar la inteligencia dormida o disciplinar el espíritu mal desarrollado. Ella toma los puntos de todas sus lecciones en todos los dominios y, por ejercicios de observación, procura, ante todo, desenvolver la percepción de las sensaciones auditivas, visuales, cromáticas, táctiles y musculares [...] La educación física debe propender por el desa-

rrollo armónico de los sentidos en especial y de los músculos en general. Los niños retrasados adolecen generalmente de deficiencias sensoriales; por lo tanto es indispensable hacer que las operaciones de sus sentidos se tornen activas; que vean y miren, oigan y escuchen. Los ejercicios de los sentidos [...] son al mismo tiempo ejercicios de atención, y bien sabido es cuál es el papel tan importante que ésta desempeña en la educación. Para este fin, se emplea la gimnasia sueca, la euritmia y los trabajos manuales (Cadavid y Velásquez, 1921, 30).

El cuerpo íntegro del anormal fue educado, además, utilizando la "gimnasia eurítmica" y la "gimnasia sueca". La gimnasia sueca es fundada por el profesor Pehr Henrik Ling. Basó su teoría en leyes físicas y biológicas y fue resultado del estudio completo de la anatomía humana, llegando a adquirir un completo conocimiento del organismo del hombre. Este estudio detallado del cuerpo lo indujo a crear una serie de ejercicios y a considerarlos como un medio para robustecer y mantener en buen estado la salud del individuo. Este método rechaza casi por completo los aparatos de gimnasia y las teorías de las otras escuelas. Fue Ling quien clasificó los ejercicios según su acción fisiológica y enseñó la manera de ejecutarlos; determinó la graduación de los mismos y los descompuso en posición y movimiento. Dio, en fin, señalada importancia a los juegos como medio para enseñar la gimnasia. Divide Ling los movimientos gimnásticos en cuatro grupos: a. ejercicios de orden; b. ejercicios preparatorios; c. ejercicios fundamentales; y d. ejercicios de aplicación.

En los ejercicios de orden se reúnen aquellos ejercicios cuyo objeto es distribuir al gimnasta del mejor modo posible para que puedan ejecutar los movimientos. Los ejercicios preparatorios son movimientos sencillos destinados a preparar al individuo para recibir en buenas condiciones los que constituyen la lección normal de la gimnasia. Los ejercicios fundamentales tienden al desarrollo armónico del individuo. Por último, los de aplicación tienen por objeto enseñar al individuo a medir y a conocer sus fuerzas para que no las malgaste y en cambio haga buen uso de ellas.

La gimnasia eurítmica tiene como fundador a Emilio Jackes Delcroze. *"Persigue esta gimnasia a que el cuerpo represente lo que tiempos musicales o sonoros indiquen, asociando a cada signo o valor sonoro un gesto o una actitud correlativa. Su objetivo principal es desarrollar el sentido del ritmo; además educa los sentidos de la vista, el oído y el muscular y da gracia y soltura a los movimientos"* (Moya Pinilla, 1939, 17)

El fundamento biológico-experimental de estas gimnasias permite apropiarlas en la pedagogía de anormales colombiana. El "cuerpo-organismo" es uno de sus blancos comunes: primero se basan en el conocimiento detallado de la anatomía y la fisiología del cuerpo, para tomarlo como producto y objeto de sus operaciones. Los ejercicios desarrollan las fuerzas del cuerpo, lo acercan a los ideales de salud, robustecen la estructura y las funciones, efectúan una profilaxis de la enfermedad mediante el juego, la música, los ejercicios corporales y gimnásticos. Basadas en un saber sobre el cuerpo (saber eminentemente biomédico) pueden disponer de un "ejercicio" para cada uno de sus "fragmentos". Por tanto, la

Grupo de alumnas sordomudas en ejercicios gimnásticos, 1940

Pequeños alumnos del Instituto Médico-Pedagógico
bajo la vigilancia de una enfermera, 1948

división experimental de la gimnasia correspondía a distintas estructuras y funciones del organismo. La fisiología experimental moderna orientaba sus miradas posibilitando ver un cuerpo anormal modificable en tanto puede generarse una "adaptación", un "desarrollo", en fin, una modificación del sujeto mediante un tratamiento o un conjunto de ejercicios. Ahora, si los cuerpos anormales presentan tremendas "desviaciones" de los organismos considerados como "normales", es menester conocerlos para intervenirlos. La enseñanza especial y las gimnasias tenían este mismo principio o regla: conocer el funcionamiento detallado del individuo, bien sobre la mente, los comportamientos, las facultades del alma, etc., bien sobre el "cuerpo-organismo", y posteriormente ejercer el poder del tratamiento médico pedagógico o de la gimnasia.

Algunos ejercicios contemplados dentro de estas gimnasias fueron:

Para niños "De doce a catorce" [años]:

Ejercicios de Orden:

De cabeza: Posición firme. Inclinación de la cabeza adelante atrás por tiempos...

De brazos: Llevar las manos al pecho y luego lanzarlas hacia delante... Tiempo: uno, dos...

De tronco: De rodillas torción del tronco, brazos arriba.

De piernas: pies a los lados y manos a las caderas, elevación de talones y flexión de rodillas...

También había ejercicios de pie, de equilibrio, juego poco agitado, de dorso y nuca, marcha, saltos, ejercicio lateral, respiratorios. La duración era de 45 minutos (Moya Pinilla, 1939, 16).

Así sucesivamente se iban disponiendo los ejercicios de un saber basado en el conocimiento científico sobre el cuerpo, que lo fragmentaba para ejercer su poder sobre lo conocido mismo. Las razones para utilizar las gimnasias en la educación de anormales tenían un profundo razonamiento experimental: el cuerpo, los sentidos, la sensibilidad como elementos esenciales para el desarrollo intelectual y moral. Lo biológico se yergue como fundamento indispensable de la vida humana. Entre las razones encontramos:

1°. Porque las lecciones de gimnasia con música agradan a los niños y la disciplina es por consiguiente perfecta;

2°. Porque, mediante este procedimiento, se enseñan al niño, sin fatigarlo, combinaciones musculares normales muy complejas y se desarrolla así el mérito estético de las lecciones de gimnasia;

3°. Porque las asociaciones cerebrales que suponen los ejercicios son muy eficaces para la educación de la voluntad, y

4°. Porque las combinaciones gimnásticas y musicales modifican la locomoción y el porte tan pesados en los anormales (Cadavid y Velásquez, op. cit., 30).

Ahora, si los cuerpos anormales presentan tremendas "desviaciones" de los organismos considerados como "normales", es menester *conocerlos* para *intervenirlos*. En este punto, la higiene escolar y la inspección médica escolar tienen una ingerencia vital:

> Con la Inspección Médica conseguiremos la organiza-
> ción de la higiene infantil. Al cuidado del Médico estará
> la salubridad de los edificios; toca a éste dirigir el desa-
> rrollo intelectual del niño y observar los desarreglo fisio-
> lógicos del mismo; se preocupará —especialmente— por
> la educación física, basamento fundamental de la verda-
> dera educación, escogiendo los anormales para que sean
> puestos en manos de pedagogos especialistas [...] (Asam-
> blea Departamental de Antioquia, 1923, 7).

El médico miraba para poder decir al maestro lo visibilizado mediante la observación (experimental) y, en consecuencia, desplegar las prácticas y técnicas de enseñanza especial. El cuerpo anormal es tomado como foco de la pedagogía de anormales que puso a funcionar unas prácticas de enseñanza especial centradas en lo sensorial, donde la gimnasia, los talleres, los centros de interés, los juegos educativos, el modelado, el trabajo manual, tuvieron una significatividad singular. La pluralidad de la enseñanza especial o para anormales nos posibilita identificar la riqueza metódico-técnica de la historicidad de la pedagogía de anormales en tanto discurso moderno-experimental.

Orientación profesional y en oficios o acciones postescolares

Cuando los niños anormales llegaban a la "adolescencia" se sometían a un proceso de orientación profesional para definir mediante exámenes su vocación y asignarles un oficio en el cual pudieran desempeñarse para valerse por sí mismos y de esta manera reducirle la "carga" de su mantenimiento tanto a la familia como a la sociedad. Para la formación en oficios se proponían fundar escuelas campestres, escuelas de artes y oficios, internados campestres, colonias vacacionales de trabajo, etc.

Las casas de menores y las escuelas especiales tenían "talleres" donde se enseñaban oficios útiles: carpintería, alfarería, imprenta, etc. Una doble función los justificaba y legitimaba: por un lado, fortalecían y educaban lo físico, lo biológico, permitiendo que las facultades mentales o del alma se desarrollaran, y por otro, estaban instruyendo a los anormales en el adiestramiento de un oficio que les permitiera mantenerse. Era una "terapéutica pedagógica" para el trabajo. En palabras de Cadavid y Velásquez (1921, 23), a los anormales es necesario que "*[...] se les adiestre para la lucha de la vida, enseñándoles un arte o profesión que los haga independientes por medios honrados*".

La pedagogía o educación de anormales se constituyó en un discurso apropiado e institucionalizado completamente para finales de la década de 1930. Su horizonte conceptual transitará hacia la consolidación de lo experimental en el seno de sus prácticas, discursos, instituciones, técnicas y sujetos. La transición entre lo racional y lo experimental será pasajera. La legitimidad social de una educación focalizada en los niños anormales tendrá su validez hasta llegar a la configuración nacional de una "educación especial" como subsistema educativo a finales de la década de 1960 (Yarza, 2005). Pero ésta historia todavía está por escribirse.

FICHAS MÉDICO–PEDAGÓGICAS. HISTORIA CLÍNICA[1]

En la "Escuela Especial Rafael Uribe Uribe", con el concurso de médicos familiares del director y amigos, se practicaron algunos exámenes clínicos complementados por historias que sobre la mayoría de los niños se obtuvieron. La historia constaba de los siguientes puntos:

Lugar y fecha de nacimiento

Orden del nacimiento del niño

Edad de la madre

Profesión

Número total de hijos

Muertos

Nacieron muertos

Abortos

Causas de la mortalidad

Estado de salud de los sobrevivientes

Antecedentes patológicos de la madre

Condiciones prenatales

---

1. Villegas, Mario (1939), "Escuela Especial Rafael Uribe Uribe", tesis de grado, Escuela Normal de Medellín, Medellín, Colombia, mimeografiado.

Desarrollo del embaraz.

Traumatismos o enfermedades durante la gestación

Parto prematuro

Circunstancias del parto

Asfixia del recién nacido

Fórceps (intervención con él)

Edad de la madre al nacer el niño

Edad del padre

Antecedentes patológicos de este

Parentesco de los padres

Psicosis, neurosis y delincuencia en los antepasados y familiares

Alcoholismo

Intoxicaciones

Tuberculosis

Condiciones económicas de la familia

Desarrollo del niño

Crecimiento

Época de andar

Época de hablar

Época de la dentición

Época de comer solo

Antecedentes patológicos del niño

Meningitis o encefalitis

Eneuresis y pavor nocturno

Desarrollo intelectual

Accidentes sufridos

FICHA MÉDICO–PEDAGÓGICA DE LA ESCUELA
RAFAEL URIBE URIBE[2]

a) Anotar si el niño trabaja y obedece porque se le obliga, o es especialmente porque reconoce su deber.

b) Anotar si se observa lentitud o rapidez en los cambios, formal y atento o indiferente y desatento, necio, irritado o introductor del desorden.

c) Minuta de sus actos contrarios al pudor; observar si lleva las manos habitualmente a los órganos de los sentidos o si comete irrespetos con palabras o con hechos.

d) Si tiene confianza bien entendida con el profesor; si es tímido, amable, brusco o cruel con sus compañeros y con los animales.

e) Si se adapta fácilmente a las normas de disciplina, o si rechaza algunas, y cuáles.

f) Observar los inconvenientes más notables en la mecánica de su conducta. Vicios, en cuanto al ánimo y al cuerpo (mímicas, malagradecido, burlón, egoísta…).

g) Maneras de vivir que le sean favorables y puedan llamársele cualidades para vivir en sociedad, manejar lo ajeno…

h) Si distingue entre el bien y mal, si siempre procura obrar bien, si se preocupa por su propia conducta, o por la consecuencia de sus propios actos.

i) Si se manifiestan en el niño intentos, tanteos, amenazas, deseos de obrar contra sí, contra los bienes propios y los ajenos,

---

[2] Villegas, Mario (1939), "Escuela Especial Rafael Uribe Uribe",tesis de grado, Escuela Normal de Medellín, Medellín, Colombia, mimeografiado.

contra las demás personas en fin, si se inicia en costumbres buenas o malas.

j) Observar si la naturaleza de su genio es débil, intensa, brusca, suave, y si se debe a causas patológicas.

k) Conducta en la clase.

l) Conducta en la casa y fuera de ella.

m) Si en todos los actos se dirige a acciones serias, festivas, afectivas, al cuidado del individuo o de la colectividad.

n) Si sólo que se manifiesta en su modo de ser presenta festividad, iracundia, alternativas entre uno y otro modo de ser, si es demasiado pasivo, si fácilmente cambia de rostro (pálido-rojo…), o es de actividad o modo de ser armónicos.

Si es por el aspecto familiar y social, se toma como base para la observación el régimen alimenticio de la familia, cuestión económica, cultura de los padres, ambiente familiar, profesiones de los padres, etc., y si es por el aspecto médico-biológico el profesional respectivo estudia y revisa los diferentes sistemas haciendo constar los diagnósticos de cada alumno, como los pronósticos para el tratamiento completo.

FICHA MÉDICO-PEDAGÓGICA DE LA CASA DE MENORES Y ESCUELA DE TRABAJO SAN JOSÉ, 1921[3]

I. Nombre y edad del alumno

Datos escolares anteriores (conducta, clase de instrucción que se le daba, si fue expulsado o no, etc., etc.).

II. Antecedentes de familia

Nombre de los padres, de los abuelos, tíos, primos, etc., etc.; condiciones de estos; enfermedades que padecieron o padecen; si los abuelos y padres murieron, la edad que tenían al morir, etc., etc.

III. Caracteres generales del niño

¿Es cuidadoso o no?

IV. Examen psíquico

Instinto. – ¿El niño es glotón, voraz?

Instinto sexual. – Erotismo, perversiones sexuales, etc.

Sociabilidad. – ¿Es amable o huraño? ¿Se aísla? ¿Es peleador? ¿Es cruel con los animales?

En esta parte se pueden hacer observaciones de mucha trascendencia y muy variada, que un maestro psicólogo podrá hallar oportunas, por ejemplo, acerca de los principales gustos del niño, de su imaginación, de su conciencia moral, etc., etc.; si es hipócrita, arbitrario, autoritario, etc., etc.

---

[3] Cadavid Restrepo, Tomás y Velásquez, David, *Informe de la Casa de Menores y Escuela de Trabajo San José, Antioquia,* Colombia, Imprenta Departamental, Medellín, 1921.

Lectura y escritura

¿Sabe leer y escribir? Importa mucho conservar las planas viejas del alumno para ir observando su adelanto, su facilidad manual y aun su temperamento, pues si el niño es nervioso, por ejemplo, no escribiría siempre del mismo modo, y cuando esté excitado será muy fácil apreciar la intensidad de la emoción por los caracteres grafológicos.

Inteligencia

Atención.- ¿La distracción es debida a la dispersión de la atención o a una falta completa de ella? Aquí deben fijarse los maestros si la carencia de atención es ocasionada por alguna anormalidad física o por algo psíquico. ¿Tiene el niño atención visual o auditiva?

Memoria

Particularidades de esta facultad desde el punto de vista de la enseñanza. Si es sensitiva o intelectual. Grados de ella.

Comparación. – ¿Nota el niño la semejanza o diferencia de las cosas o de las ideas?

Imitación. – ¿Tiene para ello aptitudes especiales? Por medio de una observación de los sentidos del niño, se investiga si posee aptitudes para la música, para el dibujo, e importa enormemente ir estudiando la vocación de cada alumno a fin de que el maestro sea capaz de orientarlo en este o en aquel sentido.

Reflexión. Inteligencia. Imaginación

Emociones

Si el niño llora o ríe fácilmente: si es muy impresionable, irascible, ratero, tímido, etc., etc.

El juego

El buen maestro observa el juego con mucha persistencia; no se debe olvidar que en el modo de jugar se conoce el carácter del niño, a semejanza de cierto educador que se colocaba en la puerta de su escuela a fijarse en la entrada de sus alumnos. En el juego se manifiestan las aptitudes de cada muchacho, su índole y su carácter.

De mucha importancia es que Uds. pongan especial cuidado en clasificar los atrasados, los cuales son de dos clases: atrasados pedagógicos y atrasados morbosos; los primeros son aquellos que no han asistido a la escuela o han asistido irregularmente; en muchas ocasiones los atrasados lo son por los malos métodos de los maestros y padres; estos niños deben tener la preferencia del educador y se debe ante todo emprender una reeducación con ellos; los atrasados morbosos necesitan un régimen de blandura, capaz de reducirlos con el tiempo. El formulario anterior da clave, en cuanto es posible, para ir iniciando estas clasificaciones.

No olviden la división más general de anormales que les he explicado en mis disertaciones; ella es la que los separa en físicos, intelectuales y morales. Para ello no se puede dejar de estar anotando los estigmas, o sea vicios de organización. Los físicos son: el gigantismo, infantilismo, macrocefalia, las formas asimétricas del cráneo y otras.

Los estigmas psíquicos son, entre muchos, los intelectuales y morales, y se manifiestan por la falta de comprensión, de talento, por la carencia de razonamiento, por la falta de voluntad (abulia), por la inestabilidad, irritabilidad, perversiones sexuales, etc., etc.

EJEMPLO DE UNA FICHA DE LA ESCUELA ESPECIAL RAFAEL URIBE URIBE, 1939[4]

Ficha No 18":

Corresponde al niño que nació en 1925; es el noveno entre sus hermanos, de abuelos primos, la madre de constitución neuropatica, dos tíos paternos locos y varios con claras manifestaciones de psicosis.

Entro a la escuela en 1936.

De miseria económica, desarrollo físico retardado desde los 5 años en adelante, su alimentación fue artificial desde los primeros días; sufría una especie de rumiacion; herosifilítico, empezó con 0,8 de agudeza visual; en abril de 1937 pesaba 25 kilos–800 gramos, en marzo de 1938 24 kilos, en este mismo mes del año siguiente pesó 34 kilos y en octubre del mismo año 35 kilos.

Estuvo en tratamiento específico en 1937, pero fue empezado en 1936. A principios de 1938 ya había acabado el tratamiento. No le habían sido diagnosticadas deficiencias glandulares. Hasta esta época su sistema nervioso era absolutamente irritable. Continuó muy marcada la ubulimia, todavía no sabía leer ni escribir aunque si mostraba adelanto comparado con el rendimiento obtenido en los años anteriores, le fue pronosticada la extracción de amígdalas y vegetaciones adenoideas, la cuál se efectúo en los primeros días del año y a la vez fue

---

[4] Villegas, Mario (1939). Escuela Especial Rafael Uribe Uribe, Tesis de grado. Escuela Normal de Medellín, Medellín, Colombia, Mimeografiado.

sometido a un examen opoterápico con estimulantes como exaltado.

Y se van notando con la alimentación de la escuela, gimnasia respiratoria, saltos, dosis de extracto de glándulas de secreción interna y la misma mecánica escolar, los buenos resultados. También con mejores medios terapéuticos se ha operado el cambio de su conducta, mejor calidad en sus trabajos escritos u orales, y empezó a ser una sorpresa el juicio con el despojamiento intelectual. Para prueba de todo esto basta el hecho de que aprendió a leer y escribir y retiene los demás conocimientos con resultados admirables.

Su temperamento, que hasta 1.938 era notable por su irritabilidad y demasiada nerviosidad se ha tornado festivo. Sus inclinaciones, que antes eran muy marcadas por el aspecto perverso y destructor, hoy lo distinguen por su decencia y cooperación con la escuela. Así pudiera decirse en cuanto al aspecto moral y afectivo un resultado admirable ya que sus hábitos están muy levantados.

Antes no tenía el sentido de la responsabilidad, hoy si lo tiene. Había sido dominado ante cualquier práctica a que por su propósito especial se sometía dominado por una fatiga que él llamaba venda situada en la región frontal. Confesaba él mismo que no podía pensar y que para calmar este cansancio no encontraba otra cosa más fácil que moverse, gritar y llorar. En la casa se cuenta que no le daba sueño y andaba por las calles durante la noche. Hoy está sometido al hogar y a la escuela. La anterior historia sintetiza el maravilloso resultado de la labor de la escuela con este niño.

Entró al plantel en 1936, tanto en este año como en 1937, presentó características francamente antisociales. —Su temperamento más plagado de síntomas histéricos, de díscolo e inestable—. A muchos profesores les hizo perder la esperanza, según declaración de ellos, de que fácil reeducarlo. Era cleptómano, reñidor y mitómano. Se revelaba con caracteres de imbecilidad moral, era vago. Toda su vida lo retrata como el tipo del esquizoide.

En 1938, en sus primeros meses habían terminado sus manifestaciones heredo-específicas que fueron comprobadas mediante las mismas experiencias sexológicas. Se adapto mejor a la escuela y a la casa. Se verificó el tratamiento quirúrgico de amígdalas y vegetaciones; ya lee toda clase de tipos. Temperamento exageradamente festivo, lo concede además mucho valor a las disposiciones de la escuela. Caso es de los mejores alumnos en sentido de la actividad a que están incitados a desarrollar. Es de los mejores por lo que toca a la prudencia y al cumplimiento del deber. Se terminó anotando la necesidad de que le convendría temperar.

NOTA: Estos hechos siguen confirmándose progresivamente en el actual año de 1939; ahora cursa un año superior al de 1939 con mejor efecto. La distingue la fecundidad y la calidad de su imaginación. Espíritu de curiosidad, tiene asomos de manifestarse normalmente por lo que toca a su energía mental, tiene buena noción del tiempo, ya es muy rápido en la comprensión, es bien hablado, repugna de los trabajos manuales pero muestra buen coeficiente de tendencia a la agricultura, le gustan nociones abstractas y algo de las ciencias naturales (lleva cuatro años de escuela). En este se sintetiza el tratamiento que hasta la fecha se ha llevado con paciencia a favor de este niño.

Bibliografía

Fuentes primarias

ASAMBLEA DEPARTAMENTAL DE ANTIOQUIA (1923), *Ordenanza 6 de 14 de marzo de 1923 (sobre servicio médico-escolar y enseñanza de anormales)*, Medellín, Imprenta oficial.

BARRIENTOS, Alberto (1926), *Anotaciones a la criminalidad infantil: casa y juzgados de menores*, tesis de doctorado, Facultad de Derecho y Ciencias Políticas, Universidad Nacional de Colombia, Bogotá, Tipografía Renacimiento, Biblioteca Luis Ángel Arango, Banco de la República.

BEJARANO, Jorge (1929), *Delincuencia infantil en Colombia y la profilaxis del crimen*, Bogotá, Minerva.

BINET, Alfred y SIMON, Theodore (1917), *Niños anormales*, Barcelona, Librería y Tipografía Médicas.

BOTERO URIBE, Jaime (1942), *La educación de los niños mentalmente anormales*, tesis de grado, Escuela Normal de Medellín, Medellín, mimeografiado.

BUISSON FERDINAND, Édouard (1911), *Dictionnaire de pédagogique et d'instruction primaire*, Paris, Hachette.

CABILDO DE SOPETRÁN (1875), "Reglamento para el régimen y disciplina de la Escuela superior", en *El Monitor, Periódico Oficial de Instruccion Pública*, Tomo IV, miércoles 6 de octubre, No. 5, pp. 36.

CADAVID RESTREPO, Tomás (1924), *Discolia de la pubertad, trabajo presentado para el Concurso Pedagógico de la Universidad de Antioquia (Sección de Enseñanza Secundaria), con motivo del Centenario de la Batalla de Ayacucho, Primer Premio*, Medellín, Imprenta Oficial.

CADAVID RESTREPO, Tomás y VELÁSQUEZ, David (1921), *Informe de la casa de menores y escuela de trabajo*, Medellín, Imprenta Oficial.

——————— (1926), *Informe que rinde el Director de Instrucción Pública Tomás Cadavid Restrepo al Ministerio de Educación*, Antioquia, Imp. Departamental.

CASTRO, Alfonso (1920), *Degeneración colombiana*, Litografía e imprenta J. L. Arango, Medellín, Banco de la República, Biblioteca Luis Ángel Arango.

CLAPAREDE, Edgard (1924), *¿Cómo diagnosticar las aptitudes de los escolares?*, España, Aguilar, Biblioteca Central, Universidad de Antioquia.

CORPORACIÓN MUNICIPAL DE Abejorral (1875), "Decreto ejecutivo de 7 de abril del presente año sobre creación de escuelas superiores de varones", en *El Monitor, Periódico Oficial de Instruccion Pública*, Tomo IV, miércoles 6 de octubre, No. 5, pp. 36.

CORTÉS, Enrique (1896a), "Primer informe como director de instrucción Pública del Estado de Cundinamarca, 1871", en *Escritos Varios*, Tomo II, Francia, Sudamericana, Colección de Libros Raros y Curiosos, Biblioteca Luis Ángel Arango, pp. 79-185.

——————— (1896b), "Educación y miseria", en *Escritos Varios*, Tomo I, Francia, Sudamericana. Colección de Libros Raros y Curiosos, Biblioteca Luis Ángel Arango, Banco de la República.

DABOUT, E. (1947), *Diccionario de medicina, expresiones técnicas, términos médicos*, Editorial Nacional S.S., México D.F.

DECROLY, Ovide (1934), *El niño anormal. Estudios pedagógicos y psicológicos*, Madrid, Francisco Beltrán, Librería Española y Extranjera.

DECROLY, Ovide y BOON, Gérard (1927), *Hacia la escuela renovada. Una primera etapa*, Madrid, Ediciones de la Lectura.

DECROLY, Ovide y MONCHAMP, Eugénie (1928), *La iniciación a la actividad intelectual y motriz por los juegos educativos. Contribución a la pedagogía de los niños y de los irregulares*, Madrid, Francisco Beltrán, Librería Española y Extranjera.

DEMOOR, Jean (1922), *La science de l'education*, Bélgica, F. Alcan.

——————— (1930), *Los niños anormales y su tratamiento educativo en la casa y en la escuela*, Madrid, Francisco Beltrán, Librería Española y Extranjera.

DESCOEUDRES, Alice (1936), *Educación de los niños anormales, observaciones psicológicas e indicaciones prácticas*, Madrid, Francisco Beltrán.

ESCALLÓN, Hernando (1942), "Régimen jurídico de los anormales en el antiguo y en el nuevo Código Penal colombiano", tesis de grado, Bogotá, Colombia, Pontificia Universidad Católica Colombiana.

ESTADOS UNIDOS DE COLOMBIA (1871), "Decreto Orgánico de Instrucción Pública 1 de noviembre de 1870", en *Escuela Normal*, No. 1, enero 7.

GARCÍA MEDINA, Pablo (1904), "Medidas profilácticas relativas a varias enfermedades infecciosas (adoptadas por la Junta Central de Higiene)", en *Revista de la Instrucción Pública de Colombia*, Tomo XV, abril-mayo, Nos. 3 y 4, pp. 329-340.

HERNÁNDEZ, Francisco Luis (1934), *Escuela de ciegos y sordomudos, informe que contiene el desenvolvimiento de este plantel en los diez años que lleva de existencia*, Medellín, Imprenta Oficial.

JARAMILLO SÁENZ, Ignacio (1939), "Delincuencia infantil (factores que influyen en ella – algunas observaciones acerca de un barrio de Medellín)", tesis de grado presentada para optar el título de institutor de la Escuela Normal de Antioquia, Medellín, mimeografiado.

JIMÉNEZ LÓPEZ, Miguel (1920), "Algunos signos de la degeneración colectiva en Colombia y en los países similares", en *Los problemas de la raza en Colombia*, segundo volumen de la Biblioteca de Cultura, Bogotá, Biblioteca Luis Ángel Arango.

MEJÍA, Antonio (1928), "Clases paralelas para niños retrasados", en *Educación Pública Antioqueña*, Serie V, No. 74, Medellín, pp. 516-519.

MONTESSORI, María (191?), *Antropología pedagógica*, Madrid, Araluce.

——————— (1925), *El método de la pedagogía científica aplicado a la educación de la infancia en la casa de los niños*, Madrid, Ramón de S. N. Araluce.

——————— (1928), *Ideas generales sobre mi método*, Madrid, Revista de Pedagogía.

MOYA PINILLA, Gustavo (1939), *Educación física en la escuela primaria*, tesis para institutor, Medellín, Escuela Normal Nacional de Antioquia.

PÉREZ HERNÁNDEZ, Ramón (1922), *Contribución al estudio de los más graves problemas del departamento del Norte de Santander: la criminalidad y el asunto internacional*, ensayo para el doctorado, Facultad de Derecho y Ciencias Políticas, Universidad Nacional, Bogotá, Editorial Minerva.

RESTREPO MEJÍA, Martín y Luis (1905, 1914, 1915), *Elementos de pedagogía. Obra adoptada como texto para las escuelas normales de Colombia y recomendada para la enseñanza de la materia en el Ecuador... (con aprobación eclesiástica)*, Bogotá, Imprenta Moderna.

RESTREPO MEJÍA, Martín (1913), *Cartilla antialcohólica*, Bogotá, Imprenta Nacional, Sala Samper, Biblioteca Nacional de Colombia.

———— (sin fecha, aprox. 1930), *Pedagogía de párvulos. Exposición de la enseñanza activa*, Bogotá, Editorial de Cromos.

RESTREPO, Nicolás (1889), *Profilaxia de la lepra*, tesis para el doctorado en Medicina y Cirugía, Bogotá, Imprenta de Vapor de Zalamea Hermanos, Sala Samper, Biblioteca Nacional de Colombia.

RODRÍGUEZ PIÑERES, José María (1896), *Contribución al estudio de las degeneraciones de la evolución: idiotez*, tesis para el doctorado en Medicina y Cirugía, Universidad Nacional, Facultad de Medicina, Bogotá, Editorial Aguilar, Sala Samper, Biblioteca Nacional de Colombia.

SUÁREZ CALDERÓN, Senén (1926), *La selección médico- pedagógica de los niños anormales y degenerados, estudio para el doctorado en Medicina y Cirugía*, Universidad Nacional de Colombia, Facultad de Medicina y Ciencias Naturales, Bogotá, Editorial Cromos.

TÉLLEZ M., Uldarico (1922), *Ligeros apuntes sobre el alcoholismo*, tesis para el doctorado en Medicina y Cirugía, República de Colombia, Universidad Nacional, Facultad de Ciencias Naturales y Medicina, Sala Samper, Biblioteca Nacional de Colombia.

VALLEJO, Joaquín (1936), "Educación en Antioquia", en: *El Bodegón. Revista de literatura y buen humor*, Serie *Conciencia Nacional*, Nº 333, Cartagena, pp. 9-11.

———— (1938), *La educación en Antioquia*, Medellín, Imprenta Departamental de Antioquia.

VASCO, Eduardo (1948), *Temas de higiene mental, educación y eugenesia*, Medellín, Editorial Bedout.

VILLEGAS, Mario (1939), "Escuela Especial Rafael Uribe Uribe", tesis de grado, Escuela Normal de Medellín, Medellín, mimeografiado.

ZAPATA, Ricardo (1925), "La Casa Correccional de Menores de Medellín", en *El Gráfico*, Vol. 16, No. 737, Medellín, Hemeroteca Biblioteca Nacional de Colombia, pp. 580-582.

Fuentes secundarias

ÁLVAREZ URÍA, Fernando (1996), "La configuración del campo de la infancia anormal. De la genealogía foucaultiana y de su aplicación a las instituciones de educación especial", en FRANKLIN, Barry, *Interpretación de la discapacidad. Teoría e historia de la educación especial*, Barcelona, Ediciones Pomares-Corredor, pp. 90-122.

ÁLVAREZ URÍA, Fernando y VARELA, Julia (1991), *Arqueología de la escuela*, Madrid, Ediciones de La Piqueta.

ARROYAVE ÁLVAREZ, Orlando (2001), *La modernidad como proyecto de acallamiento de los excluidos*, Medellín, Universidad de Antioquia, pp. 50-56.

BERGALLI, Roberto; BUSTOS RAMÍREZ, Juan y MIRALLES, Teresa (1983), *Pensamiento criminológico, un análisis crítico*, Bogotá, Edit. Temis.

CALVO ISAZA, Óscar y SAADE GRANADOS, Marta (2002), *La ciudad en cuarentena chicha, patología social y profilaxis*, Bogotá, Ministerio de Cultura.

CANGUILHEM, Georges (1978), *Lo normal y lo patológico*, Argentina, Siglo XXI.

——————— (1998), "Qué es la psicología", en *Revista Colombiana de Psicología*, N° 7, Bogotá, pp. 7-14.

CEBALLOS GARIBAY, Héctor (2000), *Foucault y el poder*, México, Ediciones Coyaucán.

CEREZO MANRIQUE, Miguel Ángel (2003), "Los inicios de la psicopedagogía en España", en OSSENBACH SAUTER, Gabriela (Coord.), *Psicología y pedagogía en la primera mitad del siglo XX*, Madrid, UNED Ediciones.

CHINCHILLA, Víctor Jairo (2001), "Educación física y construcción de nación en la primera mitad del siglo XX", en HERRERA, Martha Cecilia y DÍAZ, Carlos Jilmar (Ed.), *Educación y cultura política: una mirada multidisciplinar*, Bogotá, Universidad Pedagógica Nacional, pp. 159–181.

CORREA A., Jorge Iván (1999), *Integración escolar para población con necesidades especiales*, Bogotá, Aula Abierta.

DREYFUS, Hubert y RABINOW, Paul (2001), *Michel Foucault: más allá del estructuralismo y la hermenéutica*, Ediciones Nueva Visión, Buenos Aires.

DUQUE GÓMEZ, Berta (1993), "La recepción de la medicina experimental en Colombia, 1870-1930", tesis de Historia, Universidad Nacional de Colombia, Facultad de Ciencias Sociales y Económicas, Medellín, mimeografiado.

ESTRADA, María Victoria (2004), "De gusanos, microbios y parásitos: comienzos de la parasitología en Colombia", tesis de Historia, Universidad Nacional de Colombia, Facultad de Ciencias Sociales y Económicas, Medellín, mimeografiado.

FOUCAULT, Michel, (1977), "Historia de la medicalización", en *Educación Médica y Salud*, Vol. 1, No. 1, O.P.S.

——————— (1978), "Historia de la medicalización", en *Medicina e historia*, Estados Unidos, Oficina Sanitaria Panamericana.

——————— (1990), "La crisis de la medicina o la crisis de la antimedicina", en *La vida de los hombres infames, ensayo sobre desviación y dominación*, Madrid, Ediciones La Piqueta, pp. 93-120.

——————— (1991), *Tecnologías del yo y otros textos afines*, introducción de Miguel Morey, Barcelona, Ediciones Paidós Ibérica.

——————— (2001), *Los Anormales*, México, Fondo de Cultura Económica.

GÓMEZ, María Amelia (1997), "Apuntes para una historia de la educación especial en Colombia", tesis de maestría, Universidad Pedagógica Nacional, Bogotá, mimeografiado.

GUTIÉRREZ FLÓREZ, Juan Felipe (1998), "Un cuerpo para el alma: frenología, fisiognomía, craneometría en el siglo XIX en Colombia", tesis de Historia, Universidad Nacional de Colombia, Facultad de Ciencias Sociales y Económicas, Medellín, mimeografiado.

HERRÁIZ GASCUEÑA, Nariano (1996), "La conceptualización de la infancia deficiente en los inicios de la educación especial europea", en *Revista española de pedagogía*, Año LIV, No. 203, Madrid, pp. 167-179.

HERRERA, Marta (1999), *Modernización y Escuela Nueva en Colombia, 1914–1951*, Bogotá, Plaza & Janés.

ILLÁN ROMEU, Nuria y ARNAIZ SÁNCHEZ, Pilar (1996), "La evolución histórica de la educación especial, antecedentes y situación actual", en *Didáctica y organización en educación especial*, Málaga, Ediciones Aljibe.

JARAMILLO URIBE, Jaime (1982), *El pensamiento colombiano en el siglo XIX*, Bogotá, Edit. Temis.

JIMÉNEZ MARTÍNEZ, J., y VILÀ SUÑÉ, M. (1999), *De educación especial a educación en la diversidad*, Málaga, Edic. Aljibe.

LOPERA ÁLVAREZ, Raúl (2004), "Acercamiento al determinismo biológico de las razas en el pensamiento político colombiano: una mirada desde la historia de la biología", tesis de Historia, Universidad Nacional de Colombia, Facultad de Ciencias Sociales y Económicas, Medellín, mimeografiado.

LÓPEZ BETANCUR, Olga del Pilar (1998), "Las fiebres: tres discursos, tres cuerpos, tres maneras de enfermarse, tres espacios, tres tiempos: finales del siglo XIX, principios del siglo XX y finales del siglo XX", tesis de Historia, Universidad Nacional de Colombia, Facultad de Ciencias Sociales y Económicas, Medellín, mimeo-grafiado.

MARÍN CASTAÑO, Juan Antonio (1992), *Reconstrucción histórica de la Escuela de Trabajo San José 1914-1991*, Medellín, Fundación Universitaria Luis Amigó.

MÁRQUEZ VALDERRAMA, Jorge Humberto (1995), "Pasterianismo y medicalización urbana: el caso de Medellín", en *Revista de Extensión Cultural*, N° 34-35, Medellín, Universidad Nacional de Colombia, pp. 105-122.

————— (1995), "La química pasteriana en la medicina, la práctica médica y la medicalización de la ciudad de Medellín a finales del siglo XIX", tesis de Historia, Universidad Nacional de Colombia, Facultad de Ciencias Sociales y Económicas, Medellín, mimeo-grafiado.

MELO, Jorge Orlando (1985), "Proceso de modernización en Colombia, 1850-1930", en *Revista de Extensión Cultural*, N° 20, Medellín, Universidad Nacional de Colombia, pp. 31-41.

MIRANDA CANAL, Néstor; QUEVEDO, Emilio y HERNÁNDEZ, Mario (1993), "La institucionalización de la medicina en Colombia", en *Historia social de las ciencias*, Tomo VIII, Medicina (2), Bogotá, Tercer Mundo Editores.

MOLINA ARRUBLA, Carlos Mario (1994), *Introducción a la criminología*, Medellín, Biblioteca Jurídica Dike.

MONTAGUT MEJÍA, Claudia María (1997), *Formación del discurso psiquiátrico en Antioquia 1870-1930: una cartografía de la exclusión*, tesis de Historia, Universidad Nacional de Colombia, Facultad de Ciencias Sociales y Económicas, Medellín, mimeografiado.

MUEL, Francine (1991), "La escuela obligatoria y la invención de la infancia anormal", en CASTEL, Robert; DONZELOT, Jacques; FOUCAULT, Michel; DE GAUDEMAR, Jean-Paul; GRIGNON, Claude; y MUEL, Francine, *Espacios de poder*, Madrid, Ediciones La Piqueta, pp. 123-145.

NOGUERA, Carlos Ernesto (2002), "Los manuales de higiene: instrucciones para civilizar al pueblo", en la revista *Educación y Pedagogía*, Vol. 14, No. 34, septiembre-diciembre, Medellín, Universidad de Antioquia, pp. 275-288.

——————— (2003), *Medicina y política, discurso médico y prácticas higiénicas durante la primera mitad del siglo XX en Colombia*, Medellín, Fondo Editorial Universidad Eafit.

OBREGÓN TORRES, Diana (2002), *Batallas contra la lepra: Estado, medicina y ciencia en Colombia*, Medellín, Fondo Editorial Universidad Eafit.

ORGANIZACIÓN MUNDIAL DE LA SALUD —OMS— (2001), *Clasificación internacional del funcionamiento, de la discapacidad y de la salud*, Madrid, Instituto de Migraciones y Servicios Sociales de España.

PALMERO CÁMARA, María del Carmen (2000), "Diversidad y educación, contribuciones científicas y tendencias actuales de investigación en historia de la educación especial", en *Revista de Ciencias de la Educación*, N° 184, octubre-diciembre, Madrid, pp. 247–266.

PATRICE, Pinell (1995), "Un asunto de Estado: higiene y control de los 'salvajes del interior'", tomado de *La Recherche* 281, Suplement "La Santé et ses métamorphioses", París, noviembre, pp. 20-23, traducido por TORO, Mari Luz, en septiembre de 1996, Medellín, Universidad Nacional de Colombia.

PAVARINI, Máximo (1983), *Control y dominación. Teorías criminológicas burguesas y proyecto hegemónico*, México, Siglo XXI Editores.

PEDRAZA GÓMEZ, Sandra (1998), "La cultura somática de la modernidad: historia y antropología del cuerpo en Colombia", en RESTREPO, Gabriel; JARAMILLO, Jaime Eduardo y ARANGO, Luz Gabriela (Ed.), *Cultura, política y modernidad*, Bogotá, CES, Universidad Nacional de Colombia, pp. 149–171.

——————— (1999), *En cuerpo y alma, visiones del progreso y de la felicidad*, Bogotá, Universidad de los Andes.

——————— (2001), "Sentidos, movimiento y cultivo del cuerpo: política higiénica para la nación", en HERRERA, Martha Cecilia y DÍAZ, Carlos Jilmar (Ed.) *Educación y cultura política: una mirada multidisciplinar*, Bogotá, Universidad Pedagógica Nacional.

PESET, José Luis (1983), *Ciencia y marginación, sobre negros, locos y criminales*, Barcelona, Crítica Grijalbo.

REPÚBLICA DE COLOMBIA (1994), *Ley 115, Ley General de Educación*.

——————— (1996), *Decreto 2082, por el cual se reglamenta la atención educativa para personas con limitaciones o con capacidades o talentos excepcionales*.

——————— (2003), *Resolución Ministerial 2565, por la cual se establecen los parámetros y criterios para la prestación del servicio educativo a la población con necesidades educativas especiales*.

——————— (2005), *Orientaciones nacionales para la integración de personas con discapacidad.*

RESTREPO DE QUINTERO, Libia (1998), "Las fiebres: tres discursos, tres cuerpos, tres maneras de enfermarse, tres espacios, tres tiempos: finales del siglo XIX, principios del siglo XX y finales del siglo XX", tesis de Historia, Universidad Nacional de Colombia, Facultad de Ciencias Sociales y Económicas, Medellín, mimeografiado.

RESTREPO ZEA, Estela (Comp.) (2004), *Escuela de Medicina. La Universidad Nacional en el siglo XIX, documentos para su historia,* Facultad de Ciencias Humanas, Bogotá, Universidad Nacional de Colombia, Colección CES.

PUIGDELLIVOL I AGUADE, Ignasi (1986), "Historia de la Educación Especial", en *Enciclopedia Temática de la Educación Especial*, Madrid, España, CEPE.

RICHARDSON, John y PARKER, Tara (1996), "Génesis institucional de la educación especial: el caso de Estados Unidos", en FRANKLIN, Barry, *Interpretación de la discapacidad, teoría e historia de la educación especial*, Barcelona, Ediciones Pomares-Corredor, pp. 125-162.

RUNGE PEÑA, Andrés Klaus y MUÑOZ GAVIRIA, Diego Alejandro (2005), "El evolucionismo social, los problemas de la raza y la educación en Colombia, primera mitad del siglo XX: el cuerpo en las estrategias eugenésicas de línea dura y de línea blanda", en *Revista Iberoamericana de Educación*, No. 39, septiembre-diciembre, Madrid, pp. 127-168.

SÁENZ OBREGÓN, Javier (1999), "Ovidio Decroly, educabilidad, naturaleza y método", en *Maestros pedagogos II, un diálogo con el presente,* Medellín, Corporación Región, pp. 53–70.

SÁENZ OBREGÓN, Javier; SALDARRIAGA, Óscar y OSPINA, Armando (1997), *Mirar la infancia: pedagogía, moral y modernidad en Colombia, 1903–1946* (2 Vol.), Bogotá, Colciencias,

Universidad de Antioquia/Clío, Foro Nacional por Colombia, Ediciones Uniandes.

SALDARRIAGA VÉLEZ, Óscar (2003), *Del oficio de maestro, prácticas y teorías de la pedagogía moderna en Colombia*, Bogotá, Magisterio, Grupo Historia de la Práctica Pedagógica.

———— (2006), "Pedagogía, conocimiento y experiencia: notas arqueológicas sobre una subalternización", en revista *Nómadas*, No. 25, Bogotá, pp. 98-108

SÁNCHEZ MANZANO, Esteban (1994), *Introducción a la educación especial*, España, compuedición.

SHÉRER, René (2005), "A su disposición", en *Foucault, la pedagogía y la educación. Pensar de otro modo*, Bogotá, Edit. Magisterio, Grupo Historia de la Práctica Pedagógica.

SKLIAR, Carlos (2003), *¿Y si el otro no estuviera ahí? Notas para una pedagogía (improbable) de la diferencia*, Buenos Aires, Miño y Dávila Editores.

VARELA, Julia (1995), "Categorías espacio-temporales y socialización escolar. Del individualismo al narcisismo", en Larrosa, Jorge (Ed.), *Escuela, poder y subjetivación*, Madrid, Ediciones La Piqueta, pp. 155-189.

VIGARELLO, Georges (1991), *Lo limpio y lo sucio: la higiene del cuerpo desde la Edad Media*, Madrid, Alianza Editorial.

YARZA, Alexander y RODRÍGUEZ, Lorena (2004), "Pedagogía, idiotas y anormales, una historia de la pedagogía de anormales en Colombia, 1870-1930", en revista *Alternativas*, Serie *Espacio Pedagógico*, Año 9, No. 35-36, Universidad de San Luis, Argentina, pp. 115-130.

ZULUAGA GARCÉS, Olga Lucía (1987), "El saber pedagógico y su archivo", en *Otras quijotadas*, N° 4-5, Medellín, Universidad Nacional de Colombia, pp. 32-37.

——————— (1999), *Pedagogía e Historia, la historicidad de la pedagogía, la enseñanza, un objeto de saber,* Bogotá, Universidad de Antioquia, Anthropos.

——————— (2001), "El saber pedagógico: experiencias y conceptualizaciones", en *Encuentros pedagógicos transculturales, Desarrollo comparado de las conceptualizaciones y experiencias pedagógicas en Colombia y Alemania,* Medellín, Universidad de Antioquia, pp. 81-88.

——————— (2002a), *La educación pública en Colombia, 1845-1875, Libertad de enseñanza y adopción de Pestalozzi en Bogotá,* Bogotá, Facultad de Educación, Universidad de Antioquia, IDEP.

——————— (Dir.), (2002b), *Historia de la educación en Bogotá,* Tomo I, Bogotá, IDEP.

ZULUAGA GARCÉS, Olga Lucía; ECHEVERRI, Alberto; MARTÍNEZ, Alberto; QUICENO, Humberto; SÁENZ, Javier y ÁLVAREZ, Alejandro (2003), *Pedagogía y epistemología,* Bogotá, Cooperativa Editorial Magisterio, Grupo Historia de la Práctica Pedagógica.